Michael F. Feldkamp

GEHEIM und effektiv

Über 1000 Jahre Diplomatie der Päpste

Michael F. Feldkamp

GEHEIM und effektiv

Über 1000 Jahre Diplomatie der Päpste

Sankt Ulrich Verlag

Bibliographische Information der Deutschen Bibliothek

Die Deutsche Bibliothek verzeichnet diese Publikation in der Deutschen Nationalbibliographie; detaillierte bibliographische Daten sind im Internet über http://dnb.ddb.de abrufbar.

Titelbild: contrasto/laif
Umschlaggestaltung: uv media werbeagentur
Mediengruppe Sankt Ulrich Verlag, Augsburg
Druck und Bindung: Ludwig Auer GmbH, Donauwörth
Printed in Germany
ISBN 978-3-86744-150-6
www.sankt-ulrich-verlag.de

INHALT

Einleitung: Diplomatie zwischen Mission und Spionage?

Papstgeschichte ist immer zugleich Universalgeschichte.

Wenn der Schweizer Gardist vor dem Apostolischen Palast militärisch salutiert, dann gilt diese Ehrenbezeugung dem Papst, den Kardinälen oder den Bischöfen, die täglich an ihm vorbeieilen. Diese Kirchenmänner sind im Vatikan vielfach zugleich auch Politiker. Denn: Die römisch-katholische Kirche ist die einzige Religionsgemeinschaft der Welt, die gleichzeitig als Staat mit einer souveränen Regierung ausgestattet ist. Ihr Oberhaupt genießt völkerrechtliche Hoheitsrechte. In Wahrnehmung dieser Aufgabe entsendet der Papst eigene Gesandte, und umgekehrt gehen täglich Gesandte aus aller Welt im Vatikan ein und aus.

Religionsgemeinschaft und Völkerrechtssubjekt

Die Ambivalenz von Religionsgemeinschaft auf der einen und Völkerrechtssubjekt auf der anderen Seite übt eine dauerhafte und besondere Faszination aus. Seit am 19. April 2005 mit Joseph Ratzinger ein Deutscher zum „Stellvertreter Christi auf Erden" – so einer der vielen Papsttitel – gewählt wurde, sind diplomatische Gepflogenheiten, staatsmännische Gesten und geistliche Worte aus dem Vatikan in Deutschland einmal mehr in besonderer Weise im Blickfeld von Gläubigen, Medien und selbstverständlich auch von Kirchenkritikern und -gegnern.

Primat des Papstes

Die Entstehung der päpstlichen Diplomatie ist eng mit der Herausbildung der päpstlichen Primatialgewalt in der christlichen Spätantike verbunden. Die Bischöfe von Rom haben sich beim Ausbau ihrer Vorrangstellung gegenüber anderen partikularkirchlichen Oberhirten wie Metropoliten oder Patriarchen besonders in der oströmischen Kirche eigener Gesandter bedient. Diese wurden zumeist mit umfassenden Stellvertreterrechten ausgestattet und sollten päpstliche Interessen in entfernt gelegenen Diözesen und fremden Ländern vertreten.

Mission und Diplomatie

Zwar mag mancher im christlichen Missionsgedanken („Darum geht zu allen Völkern ...", Mt 28,19) sowie in der Entsendung von päpstlichen Diplomaten einen gemeinsamen theologischen Ursprung sehen. Doch hat die Papstdiplomatie, die sich wie jede Diplomatie zunächst einmal weltlicher Mittel zur Erreichung eines außen- und/oder kirchenpolitischen Ziels bedient, nicht unmittelbar die Verbreitung des Glaubens zu ihrem Ziel. Allenfalls hat sie – wenigstens heute – unter Berufung auf die Religionsfreiheit den Schutz der Gläubigen zum Ziel.

Der Erfolg der Papstdiplomatie darf und kann nicht an der Ausbreitung des Glaubens gemessen werden. Auch Papstdiplomatie erfordert diplomatisches Verhandeln. Zu Recht darf man allerdings erwarten, dass ausgehandelte Kompromisse nicht auf Kosten theologischer Wahrheiten eingegangen werden, auch nicht, wenn päpstlicher oder kirchlicher Autoritätsverlust droht.

Im päpstlichen Gesandtschaftswesen und in der allgemeinen Papstdiplomatie kommen die internationale Stellung des Papsttums sowie seine Macht und Ohnmacht besonders zum Ausdruck. Die Entstehung und Weiterentwicklung des päpstlichen Gesandtenwesens steht aber nicht nur in enger Verbindung zum Jurisdiktionsprimat des Papstes, also in einem innerkirchlichen Spannungsverhältnis zwischen päpstlicher und bischöflicher Gewalt, sondern zugleich in einem politischen Gefüge zwischen geistlicher und weltlicher Macht, zwischen Kirche und Staat.

Päpstliches Gesandtschaftswesen

Wenn unter Diplomatie alle Organisationsformen und Maßnahmen verstanden werden, die der Pflege überstaatlicher Beziehungen dienen, dann hat eine Geschichte der päpstlichen Diplomatie zunächst die Entwicklung des päpstlichen Gesandtschaftswesens in den Blick zu nehmen. Die Macht und Ohnmacht sowie die Leistungen und das Versagen des Papsttums aufzuzeigen, kann freilich nicht Aufgabe einer Darstellung der Geschichte der päpstlichen Diplomatie sein; das muss vielmehr Aufgabe der Papstgeschichte und allgemein der Kirchengeschichte bleiben.

Ein Gang durch die Geschichte der päpstlichen Diplomatie muss sich darauf beschränken, die historischen Entwicklungen aufzuzeigen, die zu Veränderungen des päpstlichen Gesandtschaftswesens und zu einem diplomatischen Umdenken geführt haben. Und es müssen Problemfelder benannt werden, die in besonderer Weise die Pflege der bi- und multilateralen Beziehungen des Heiligen Stuhls prägten und noch immer prägen.

Funktionen des Papstes

Die Geschichte der päpstlichen Diplomatie ist ein zentrales Thema der Kirchengeschichte, denn in der Tätigkeit der päpstlichen Gesandten spiegeln sich die wechselnden und vielseitigen Interessen des Papstes wider. Das durchaus individuelle Selbstverständnis des Papstes wird nirgends deutlicher als in seinem Gesandtschaftswesen; seine Diplomaten sind die Transformationsriemen des päpstlichen Selbstbildnisses.

Immerhin vereint der Papst in seiner Person zugleich mehrere Aufgaben und Funktionen. Er ist:

- Nachfolger des Apostelfürsten Petrus
- Erzbischof und Metropolit von Rom
- Inhaber der höchsten Lehrautorität und des Jurisdiktionsprimats in der universalen Kirche
- Patriarch des Abendlandes
- Primas von Italien
- Oberhaupt der gesamten Christenheit
- weltlicher Herrscher (auch nach Ende des Kirchenstaates)
- moralische Autorität innerhalb der Staatengemeinschaft.

Im Folgenden soll gezeigt werden, auf welche Weise die Päpste mittels ihrer Gesandten oder Stellvertreter im Laufe der Geschichte versuchten, ihre Interessen durchzusetzen. Die Entwicklung des Gesandtschaftswesens erlaubt Einblicke in die Grundlagen der Papstdiplomatie und macht deutlich, wie sich die herkömmliche Diplomatie, die auch weiterhin auf die persönliche Anwesenheit von Gesandten und Botschaftern nicht verzichtet, verändert hat. Der Einsatz moderner Kommunikations- und Informationsmittel wie Telefon, Fax und Email sowie die schnelle Verbreitung von Nachrichten in Funk, Fernsehen und Internet verändern selbstverständlich auch das Diplomatiewesen, nicht nur am Tiber.

So möchte das vorliegende Buch die Aufgaben und Leistungen der päpstlichen Diplomatie in Vergangenheit und Gegenwart veranschaulichen.

Wie immer in der Politik stehen auch bei einer Geschichte der päpstlichen Diplomatie Machtstrukturen, aber auch Personen im Mittelpunkt. In unserem Fall sind es die Päpste und ihre Diplomaten. Wer waren sie, und was zeichnete sie aus als Vertreter des Papstes?

Bekanntlich findet ein Großteil der diplomatischen Beziehungen fernab der Öffentlichkeit und somit im geheimen statt. Die Ergebnisse der päpstlichen Diplomatie sind nicht selten von der zeitgenössischen Öffentlichkeit verurteilt, gelobt, kleingeredet oder bewundert worden; aber wie die Papstdiplomatie ihre Ziele erreichte, blieb meistens unbekannt. Die augenfälligen Ergebnisse standen immer am Ende von komplizierten Geheimverhandlungen und erschließen sich – wenn überhaupt – nicht selten erst Jahrzehnte später dem Historiker aufgrund von Aktenstudium.

Spione des Papstes

Immer wieder steht die Frage im Raum: Hat der Vatikan einen Geheimdienst?

Tatsache ist, dass dem Heiligen Stuhl die Geheimdiplomatie nie fremd war – das wird nicht zuletzt auch in diesem Buch eindrücklich belegt. Aber einen echten Geheimdienst mit Spitzeln, Denunzianten, Schmiergeldzahlungen und Actionhelden à la James Bond brauchte und braucht die älteste heute bestehende Regierung der Welt nicht. Vielmehr bedienten sich die Päpste loyaler Mitarbeiter, wozu die hierarchische Struktur der Kirche allein nicht ausreicht. Bevor in die Niederungen der Diplomatiegeschichte eingestiegen wird, mögen hier zwei schillernde Beispiele – eines aus dem Mittelalter und eines aus der Zeit des Zweiten Weltkrieges – dienen, um deutlich zu machen, warum der Papst keinen Geheimdienst im herkömmlichen Sinne braucht und dennoch – oder vielleicht sogar deswegen (?) – so effektiv ist.

- Einem Bischof, wie zum Beispiel dem Osnabrücker Bischof Benno II., der im Mittelalter Lehnsherr des Kaisers war und gleichzeitig in der Apostolischen Sukzession stand, war von Natur aus daran gelegen, sein Verhältnis zum Papst und zum Kaiser in einen vernünftigen Einklang zu bringen. Wenn er in diesem Amt als Vermittler zwischen Kaiser und Papst im Investiturstreit in Canossa auftrat, war er deswegen doch noch kein Doppelagent.
- Papst Pius XII. war während des Zweiten Weltkrieges das erste Regierungsoberhaupt, das glaubwürdige Nachrich-

ten über das Bestehen von Vernichtungslagern erhielt und darüber auch andere Regierungschefs unterrichtete. Es waren polnische Bischöfe, die ihm darüber berichteten, weil in den Konzentrationslagern der Nationalsozialisten auch deren Priester umgebracht wurden. Pius XII. brauchte, um von den Vernichtungslagern Kenntnisse zu erhalten, keine Spione und keine militärische Luftaufklärung, um die Existenz der Vernichtungsrampe in Auschwitz zu beweisen.

Dass sich die päpstliche Geheimdiplomatie bei ihrer Tätigkeit seit dem Mittelalter auch nachrichtendienstlicher Methoden wie der Entwicklung von Geheimschriften oder des Einsatzes von Geheimkurieren bediente, liegt nahe. Deswegen im Vatikan einen eigenen Geheimdienst zu vermuten, ist abwegig. Schließlich kennzeichnet jede Diplomatie, dass sie im geheimen oder im verborgenen stattfindet, wenigstens aber weit weg von Presseöffentlichkeit, und dass sie Geschwätzigkeit von wichtigtuerischen Mitarbeitern nicht erträgt.

Doyen des Diplomatischen Korps

Bei einer Regierung sind üblicherweise die Botschafter und Gesandten vieler fremder Staaten akkreditiert. Den rangältesten Diplomaten bei Staatsempfängen oder anderen Anlässen, bei denen alle Diplomaten geschlossen auftreten, nennt man gewöhnlich Doyen. Nun ist der Doyen des sogenannten Diplomatischen Korps in den meisten europäischen und vielen außereuropäischen Ländern – und übrigens auch in laizistischen Staaten – der päpstliche Nuntius. Das ist an sich schon eine spannende Sache. Diese Sonderrolle des Doyen rückt den Nuntius, als Vertreter des Papstes, qua Amt in eine herausgehobene Position. Warum, wie und seit wann der päpstliche Gesandte diese Rolle einnimmt und traditionell die besondere Beachtung bekommt, auch darüber will dieses Buch Auskunft geben.

Kapitel I:

„Petrus hat durch Leo gesprochen": Päpstliche Diplomatie in der Spätantike

„Du bist Petrus;
und auf diesen Felsen werde ich meine Kirche bauen;
und die Mächte der Unterwelt werden sie nicht überwältigen."
Matthäus 16,18

Solange die Christen im römischen Kaiserreich während der ersten drei Jahrhunderte als Feinde bekämpft und verfolgt wurden, hielten die im ganzen Römischen Reich verbreiteten christlichen Gemeinden fest zusammen. Unter dem äußeren staatlichen und gesellschaftlichen Druck blieb die kirchliche Gemeinschaft vor innerem Zwiespalt und Abspaltungen bewahrt. Das änderte sich grundlegend, als die Kirche im Jahre 313 mit dem Toleranzedikt von Mailand durch den römischen Kaiser Konstantin den Großen (313–337) dauerhaft ihre öffentliche Anerkennung erhielt. Kaiser Konstantin war nicht nur daran gelegen, die Vormachtstellung des Bischofs von Rom theologisch zu begründen, sondern war bemüht, dessen Vorrang in geistlichen Angelegenheiten gegenüber den Patriarchats- und Metropolitankirchen im Osten des Römischen Reiches zu begründen.

Päpstliche Gesandte auf den Konzilien

Durch die Anerkennung als Staatskirche verlor das Christentum seinen äußeren Gegner. Die neu gewonnene Freiheit der Christen ließ innerkirchliche Gegensätze stärker hervortreten.

Eine der ersten großen innerkirchlichen Streitigkeiten ging von Bischof Donatus von Karthago (315–355), dem Primas von Afrika, aus, dessen Anhängerschaft weit über Nordafrika hinausreichte und die Einheit der katholischen Kirche zu gefährden schien. Im Konflikt gegen die Donatisten wurde im Jahre 314 die Synode von Arles einberufen. Zum ersten Mal bei einer Synode vertraten päpstliche Gesandte den römischen Bischof Papst Silvester I. (314–335).

Noch größere Bekanntheit erlangten die Gesandten des römischen Bischofs auf den Ökumenischen Konzilien des Altertums. Diese Konzilien unterschieden sich von den später einberufenen Konzilien dadurch, dass sie von den römischen, später oströmischen Kaisern einberufen wurden, und nicht von den Päpsten. Die römischen Bischöfe wirkten zu dieser Zeit also noch im Schatten des Kaisers. Der bediente sich der Dynamik der jungen Kirche und wies ihr eine bedeutende Rolle beim Erhalt der Einheit des Römischen Reiches zu. Das Christentum stand mit seiner Botschaft und seinen Moralvorstellungen in entschiedener Gegnerschaft zur Dekadenz der römischen Kaiserzeit, die wohl zum inneren Zerfall des Reiches beitrug.

Innerkirchlich haben die Konzilien der Antike maßgeblich zur Einheit des christlichen Glaubens und zum Zusammenhalt der Christen beigetragen. Sie legten das trinitarische und das christologische Dogma fest, wodurch sich die Konzilien auch qualitativ von allen nachfolgenden Konzilien abhoben.

Nikäa (325): Streit um das Glaubensbekenntnis

Das Konzil von Nikäa (325), das auf Initiative von Kaiser Konstantin einberufen wurde, verurteilte Arius und seine Anhänger. Aus der lateinischen Kirche kamen zu diesem Konzil nur fünf Bischöfe, darunter Ossius von Córdova (ca. 257–357/58). Ob er als päpstlicher Gesandter fungiert hat, wird bezweifelt, wenigstens war er der ranghöchste Vertreter. Zusätzlich entsandte der Papst zwei Presbyter aus Rom, Vitus und Vincentius. Sie hatten auf dem Konzil von Nikäa die Aufgaben von Konzilsberatern. Über diese Berater schrieb der Kirchenhistoriker Sozomenos (324–425) in seiner Kirchengeschichte:

> Der Papst selbst konnte „wegen seines Alters nicht kommen, seine Priester aber erschienen, seine Stelle zu vertreten."

Erst dadurch, dass der Papst seine Stellvertreter zu diesem Konzil schickte, erhielten die Konzilsdekrete die notwendige Legitimation.

Konstantinopel (381): Ehrenprimat für Konstantinopel

Auf dem Konzil in Konstantinopel (381), das vom oströmischen Kaiser Theodosius I. dem Großen (379–394) einberufen wurde, waren nur die Bischöfe des oströmischen Reiches vertreten. Weder kam Papst Damasus (366–384), noch ließ er sich durch einen Gesandten vertreten. Das sollte sich als Nachteil erweisen, denn dieses Konzil hatte als Ergebnis seiner Verhandlungen im dritten Kanon dem Bischof von Konstantinopel vor den übrigen Patriarchaten der Ostkirche eine Vorrangstellung eingeräumt, immerhin aber nach dem Bischof von Rom.

Die enorme Rangerhöhung des bischöflichen Stuhles ging einher mit der politischen Geltung der neuen Hauptstadt des östlichen Reichsteiles. So hieß es im Kanon III wörtlich:

> „Der Bischof von Konstantinopel soll den Ehrenprimat nach dem Bischof von Rom haben, denn diese Stadt ist das Neue Rom."

Ephesus (431): Konflikt mit Nestorius

Nicht ohne Grund befürchtete der Bischof von Rom die aufkommende Konkurrenz im Osten des Reiches und lehnte Jahrzehnte später auf dem Konzil von Chalcedon den dritten Kanon von Konstantinopel wieder ab. Im übrigen aber begünstigte Kanon III den Streit um den Vorrang zwischen den Patriarchen Cyrill von Alexandrien (412–444) und Nestorius von Konstantinopel (428–431 Patriarch; † 451).

Dieser Machtstreit war verbunden mit dem schon Jahre zuvor ausgebrochenen Konflikt zweier theologischer Richtungen um die Verbindung von göttlicher und menschlicher Natur in der Person Jesu Christi. Eine Beilegung des Streites um Nestorius auf der römischen Synode 430 scheiterte.

So lud 431 Kaiser Theodosius II. (408–450) zu einer Synode nach Ephesus ein, welche Patriarch Cyrill von Alexandrien in seiner Funktion als Vertreter des Papstes leitete. Erwartungsgemäß verurteilte das Konzil die Lehren des Nestorius, der die hypostatische Union der beiden Naturen in Christus leugnete.

Die deutliche Ablehnung der Lehre des Nestorius war nur möglich, weil dem Konzil insgesamt 43 Bischöfe aus Antiochien fernblieben; diese eröffneten fünf Tage später in Ephesus ein Gegenkonzil, von dem sie den päpstlichen Vertreter Cyrill sowie einige seiner Anhänger ausschlossen. Die Konzilsteilnehmer erhielten für ihr Vorgehen sogar die öffentliche Unterstützung des Kaisers. Daraufhin entsandte Papst Coelestin I. (422–432) drei Legaten nach Ephesus, zwei Bischöfe und einen Priester, die das Gegenkonzil der Antiochener für ungültig erklärten und Bischof Johannes von Antiochien exkommunizierten. Erst auf Vermittlung des Kaisers, der von beiden Parteien acht Deputierte zu sich berief und sich selbst von den Lehren des Nestorius lossagte, kam es zu einer Verurteilung des Nestorius, der in ein Kloster bei Antiochien verbannt wurde.

Die antiochenische Schule, der auch Nestorius entstammte, wirkte auch nach dem Konzil zu Ephesus weiter. Den gemäßigten Antiochenern kam Cyrill von Alexandrien entgegen, indem er deren Glaubensbekenntnis akzeptierte. Doch auch dieses enthielt in seinem Kern eine christologische Häresie, deren Abwehr ein neues Konzil nötig machte.

Ephesus (449): Die „Räubersynode"

Unter Eutyches, dem Abt eines Klosters in Konstantinopel und einem entschiedenen Anti-Nestorianer, vereinigten sich die Anhänger des sogenannten Monophysitismus, die – in Gegnerschaft zur Lehre von der Gottessohnschaft – das Menschsein Jesu Christi als Bedingung der Erlösung ansahen. Eutyches wurde schon auf der Synode von Konstantinopel 448 verurteilt, fand nun aber Unterstützung bei Patriarch Dioskur, dem Nachfolger von Cyrill von Alexandrien. Dioskur veranlasste Kaiser Theodosius II., ein erneutes Konzil nach Ephesus einzuberufen (449). Weil den Legaten von Papst Leo I. dem Großen (440–461) die Leitung des Konzils verweigert wurde, bezeichnete bereits Leo I. dieses Konzil als „Räubersynode" („latrocinium"). Erst auf dem zwei Jahre später stattfindenden Konzil von Chalcedon konnte die Lehre vom Monophysitismus verurteilt werden.

Chalcedon (451): Papst ist „Erzbischof aller Kirchen"

Unter Kaiser Theodosius gelang keine Einigung mehr; diese wurde erst auf dem 451 von seinem Nachfolger Markian (450–457) einberufenen Konzil von Chalcedon erreicht, das mit 600 Bischöfen alle bisherigen Konzilien an Teilnehmerzahl übertraf. Diesmal erreichte Papst Leo I., dass seine Legaten (drei Bischöfe und zwei Priester) den Vorsitz übernahmen, auch wenn die geschäftliche Leitung sechs kaiserlichen Kommissaren übertragen wurde. In der Hauptsache kam es zu einer Anerkennung des nikäischen Glaubensbekenntnisses (325) und der Verlesung eines „dogmatischen Briefes“ von Leo I. über die zwei Naturen in der Person Christi. Damit war endgültig der Trennungsstrich zwischen Orthodoxie und monophysitischer Irrlehre gezogen. Gegen die Anhänger des Dioskurs von Alexandrien ließen die päpstlichen Gesandten immerhin Milde walten.

Im übrigen akklamierten die Gesandten Leo den Großen zunächst mit Erfolg – das heißt also mit Zustimmung der Konzilsteilnehmer – als den „Erzbischof aller Kirchen“. In ihrer Abwesenheit aber wurde Kanon 28 verabschiedet. Darin wurde festgehalten, dass, „nachdem billigerweise dem Bischofssitz des Alten Rom besondere Rechte eingeräumt worden waren, weil diese Stadt die Stadt des Kaisers war“, aus demselben Grund „dem Neuen Rom, das durch die Anwesenheit des Kaisers und des Senates geehrt werde, dieselben Privilegien eingeräumt würden“.

Mit diesem Kanon war ein Taschenspielerstreich gelungen. Konstantinopel wurde Sitz eines Metropoliten und zum Patriarchat erhoben. Damit bekam der Streit zwischen Rom und Konstantinopel eine neue Qualität.

Rom oder Konstantinopel

Erst in der letzten Sitzung des Konzils von Chalcedon wurde unter dem Ehrenvorsitz des oströmischen Kaisers Markian und seiner Gemahlin, Kaiserin („Augusta“) Pulcheria (414–453), Kanon 28 verabschiedet, der dem Bischof von Neu-Rom, also Konstantinopel, die gleichen Vorrechte wie dem von Alt-Rom einräumte und ihm immerhin hierarchisch die zweite Stelle nach dem Bischof von Alt-Rom zuwies. Dieser Kanon erregte den Protest der päpstlichen Legaten. Papst Leo verweigerte die vom Kaiserpaar und den Konzilsteilnehmern geforderte Zustimmung. Der Kanon widersprach zutiefst der vom Papst vertretenen einzigartigen Vorrangstellung des römischen Bischofs. Seine Legaten hatten erst wenige Tage zuvor, als das Glaubensbekenntnis und der „dogmatische Brief“ vorgetragen wurde, die Konzilsväter ausrufen lassen:

„Das ist der Glaube der Väter,
das ist der Glaube der Apostel.
So glauben wir alle.
Durch Leo hat Petrus gesprochen“.

Die darin noch zum Ausdruck gebrachte Vorrangstellung des Petrusamtes war von Ost-Rom nun doch ernsthaft in Frage gestellt.

Als Leo von den Vorgängen in Chalcedon erfuhr, brachte er seine unnachgiebige Haltung deutlich zum Ausdruck. Er machte dem Kaiserpaar diese „unverschämten Bestrebungen, die der Einheit der Christenheit und dem Frieden der Kirche zuwiderliefen“, zum Vorwurf.

Apostolische Sukzession

Der Bischof von Rom entsandte seine Legaten fortan auch auf die vom Patriarchen von Konstantinopel beherrschten Synoden und Konzilien, wenn er selbst verhindert war. Die Legaten fungierten nicht nur als einfache Vertreter des Bischofs von Rom, sondern beriefen sich auf die Vorrangstellung des Papstes und beanspruchten deswegen den Vorsitz auf den Konzilien und Synoden. Von keinem Papst war die Vorrangstellung des Petrus-Erben gedanklich so stark in die politischen Überlegungen übernommen worden wie von Leo I. dem Großen.

Wenn nun Leo I. als Petrus-Nachfolger dessen Rechte und Pflichten für sich beanspruchte, dann waren vor allem die Vollmachten und Privilegien gemeint. So wie nach Matthäus 16,18 Christus seinem Jünger Petrus vor den übrigen Aposteln größere Vollmachten übertragen hatte, so sollten auch Petri Nachfolger diese Vorrangstellung gegenüber allen anderen Bischöfen genießen. Dass Rom auch die Grabstätte Petri war, spielte wohl nur eine untergeordnete Rolle; sondern die juristische Sukzession – die einfache Nachfolge im Amt – bevollmächtigte die römischen Bischöfe, über die Reinheit der Lehre zu wachen und auf die Einhaltung der Tradition der Väter in der gesamten Kirche zu achten.

Dieser Leitungsanspruch war in der kirchlichen Öffentlichkeit nirgends vehementer behauptet worden als auf den Konzilien und Synoden, wo mit Mehrheitsbeschlüssen leicht anderslautende Entscheidungen hätten herbeigeführt werden können.

Im Einflussbereich der lateinischen Kirche fand der Leitungsanspruch des Papstes keinen ernstlichen Widerspruch. Doch auf einigen Ökumenischen Konzilien, die durchweg im oströmischen Reich, weit weg von Rom, abgehalten wurden, wurde die Missachtung des Bischofs von Rom daran offenbar, wie man die päpstlichen Gesandten behandelte. Zur besonderen Verdeutlichung des Stellvertretercharakters der Gesandten kamen diese meistens aus der Diözese Rom. Und fortan tauchten sie nicht nur auf Konzilien, sondern auch auf (Provinzial-)Synoden auf.

In den päpstlichen Ernennungsschreiben für diese Gesandten hieß es „latere meo", „von meiner Seite". Daraus entstand in der ersten Hälfte des 5. Jahrhunderts die Formel „a latere" für jene Gesandten, die aus der römischen Provinz kamen. Der Terminus des „legatus a latere" wurde im Mittelalter zur stehenden Formel für die ranghöchsten päpstlichen Gesandten und ist als päpstlicher Ehrentitel bis in die heutige Zeit gebräuchlich.

Rangerhöhung von Konstantinopel

Im Streit um die Vorrangstellung des Bischofs von Rom treffen mehrere miteinander verwobene Sachverhalte zusammen:

Zunächst stritten nicht die kirchlichen Würdenträger der oströmischen Patriarchate mit dem Bischof von Rom um den Vorrang in der Kirche; in diesem Streit hatte vielmehr der römische Papst den oströmischen Kaiser zum Gegner. Der Konflikt war demnach auch ein Streit zwischen Kirche und Staat; er hatte eine kirchenpolitische und vor allem auch eine politische Dimension.

Im Streit mit Rom gewann das Patriarchat von Konstantinopel gegenüber dem von Alexandrien erheblich an Bedeutung, was dem Umstand geschuldet war, dass Konstantinopel oströmische Hauptstadt war.

Päpstliche Apokrisare in Ost-Rom

Der erste Apokrisar

Die umfangreiche Konzilstätigkeit in der Ostkirche, der Streit zwischen den Bischofskirchen von Rom und Konstantinopel um die Vorrangstellung sowie der zunehmende Einfluss des oströmischen Kaisers veranlassten Papst Leo I., neue Wege zu beschreiten, um Ost-Rom an das Papsttum zu binden: Neben sporadischen Gesandtschaften kam es zur Entsendung eines ständigen päpstlichen Vertreters, eines sogenannten Apokrisars, an den Kaiserhof.

Schon der unbefriedigende Ausgang des Konzils von Chalcedon veranlasste Leo I. zwei Jahre später – kurz nachdem der Hunnenkönig Attila (ca. 406–453) mit seinem Heer Italien verlassen hatte – in einem Schreiben an das oströmische Kaiserpaar Markian und Pulcheria, seinen Gesandten Julian von Kos als Berater zu empfehlen. In seinem Brief an Julian von 453 formulierte Leo I. dessen Aufgaben am Kaiserhof in Konstantinopel:

> Er solle sich für die Interessen des Apostolischen Stuhls einsetzen. Da er seine Erziehung in Rom genossen habe, übe die römische Kurie die Rechte einer Mutter gegen ihn

aus. Er sei zu einer genauen Berichterstattung verpflichtet und solle die Instruktionen des Papstes in Konstantinopel vortragen.

Hofbeamter des Kaisers?

Eine Einschränkung erhielt die Aufgabenbeschreibung für Julian von Kos:

> Er solle die Vertretung von Papst Leo übernehmen mit Ausnahme derjenigen Fälle, welche auch bei allen anderen Kirchen nicht durch deren Apokrisare, sondern durch den zuständigen Bischof zur Entscheidung gelangen können.

Mit dieser Formulierung setzte Leo die Aufgabe seines Vertreters am Kaiserhof offensichtlich in Analogie zu dem bereits bestehenden Institut des Apokrisars (lat. „responsalis") oder Beraters am oströmischen Kaiserhof. Ursprünglich gab es zivile und militärische Hofbeamte am Kaiserhof mit dem Titel „Apokrisar". Nach diesem Vorbild waren die in der römischen Staatsverfassung verankerten Apokrisare zunächst in die griechisch-orientalische Kirchenverfassung übernommen worden. Zur Pflege ihrer Beziehungen zum Kaiser bedienten sich die drei Patriarchen der Patriarchate von Alexandrien, Antiochien und Jerusalem, später auch Metropoliten, Bischöfe und sogar größere Klöster des Orients besonders bevollmächtigter Apokrisare. Der Apokrisar war deren Geschäftsträger oder Unterhändler. Seine Vollmachten waren darauf beschränkt, den Metropoliten oder Patriarchen über kirchlich relevante Dinge zu berichten und auf deren Antworten (αποκρίνεσθαι – antworten) zu warten; danach empfing der Kaiserhof von den Apokrisaren die Antworten der Metropoliten und Patriarchen.

Nachdem Leo I. zum ersten Mal einen Apokrisar an den Kaiserhof in Ost-Rom berief, baute Papst Agapet I. (535–

536) den päpstlichen Apokrisar am oströmischen Kaiserhof zu einer ständigen Institution aus. Genauso wie die militärischen und zivilen Apokrisare war auch der erste päpstliche Apokrisar von Leo I. selbst als „persönlicher Vertreter" des Kaisers und als kaiserlicher Gefolgsmann bezeichnet worden. Es scheint, dass vor allem in jener Zeit, als der weströmische Kaiserhof in Ravenna an Bedeutung verlor, dem päpstlichen Apokrisar in Ost-Rom eher die Rolle eines kaiserlichen Hofbeamten zukam als die eines diplomatischen Gesandten, zumal der Apokrisar auch auf Kosten des Kaiserhofes unterhalten wurde. Der Kaiser erst ermöglichte seine Anwesenheit; die Berufung eines Apokrisars entsprang nicht, wie etwa die Entsendung der Legaten zu den frühchristlichen Konzilien, dem Selbstverständnis des römischen Papsttums, sondern war eine Gelegenheit, die der Kaiserhof anbot.

Zu Unrecht, so scheint es, wurden die päpstlichen Apokrisare am oströmischen Kaiserhof wiederholt als Vorläufer der ständigen päpstlichen Nuntien der Neuzeit angesehen. Im Unterschied zu diesen hatten die Apokrisare übrigens auch keine Jurisdiktionsrechte. Hierauf sei auch deswegen hingewiesen, weil mit vergleichbarer Funktion und ebenfalls ohne Jurisdiktion gut 200 Jahre später auch am fränkischen Königshof Apokrisare weilten.

Karrieren: Vom Apokrisar zum Papst

Für einen päpstlichen Apokrisar boten sich hervorragende Karrierechancen. Zu den bekanntesten Apokrisaren am Kaiserhof in Konstantinopel zählten auch sechs spätere Päpste.

- Papst Silverius (536–537). Er wurde Papst auf Befehl des Königs der Ostgoten, Theodahad (534–536), der sich mit Byzanz im Krieg befand.
- Papst Vigilius (537–555). Er war 535/536 auch Ratgeber der Kaiserin Theodora und geriet nach seiner Wahl zum

Papst in eine unwürdige Abhängigkeit zum byzantinischen Kaiserhof. Erst in der neueren Forschung wurde herausgestellt, dass er trotz seiner charakterlichen Schwäche und seinem mangelnden politischen Instinkt bemüht war, dem römischen Papstamt im erstarkenden oströmischen Reich den ihm zukommenden Platz zu sichern und dafür auch bereit war, zweifelhafte Kompromisse einzugehen.

- Papst Pelagius I. (556–561). Er kam 536 noch unter Papst Agapet I. als Apokrisar nach Konstantinopel und blieb dort bis zum Pontifikat Papst Vigilius'. Er bewirkte die Ernennung von Paulus von Tabennae zum Patriarchen von Alexandria, musste ihn aber später selbst wegen Verdachts des Hochverrats wieder absetzen. Pelagius betrieb als Apokrisar die Verurteilung der Lehren des Origenes († 254). Als erster Papst holte sich Pelagius vor der Weihe die Zustimmung des oströmischen Kaisers ein.
- Papst Gregor I. der Große (590–604). Er führte als Apokrisar von 579 bis 585 ein klösterliches Leben am oströmischen Kaiserhof.
- Papst Sabinianus (604–606). Er geriet in die Kritik, weil er einen unchristlichen Papstnamen wählte. Seiner Vermittlungstätigkeit war möglicherweise der Friedensschluss zwischen dem Langobardenkönig Agilulf (590–615) sowie dem Exarchen von Ravenna Smaragdus (584/5–589/90 und 603–608) zu verdanken.
- Papst Bonifatius III. (607). Er wandte sich als Apokrisar Gregors I. dagegen, dass der Patriarch von Konstantinopel, Kyriakos, den Titel „ökumenischer Patriarch" führte, den die Synode von Konstantinopel verliehen hatte.

Offenbar hatte also ein bewährter Apokrisar am byzantinischen Kaiserhof auch die Chance, auf den römischen Bischofsstuhl zu gelangen; das ist deswegen erstaunlich, weil er sein Amt doch in enger Bindung zum oströmischen Kaiserhof und gleichzeitig in Loyalität zum Papst hat ausüben müssen. Die Nähe zum oströmischen Kaiserhof war vielleicht sogar von Vorteil, weil in diesen Jahrzehnten Ansehen und Einfluss des weströmischen Kaiserhofs in Ravenna unter den wechselnden kriegerischen Ereignissen in Norditalien zusehends schwanden.

Byzantinischer Bilderstreit

Der letzte päpstliche Apokrisar war 743 am Hofe von Kaiser Konstantin V. (741–775) tätig. Papst Zacharias (741–752) berief ihn in der ersten Phase (730–775) des sogenannten Byzantinischen Bilderstreites ab.

Im Bilderstreit zwischen der oströmischen Kirche und dem byzantinischen Kaiserhaus ging es um die Verehrung von Symbolen und Bildern, denen zum Teil sogar Wunder zugeschrieben wurden und in denen die Vermittlung des Göttlichen gesucht wurde. Eine derartige Bilderverehrung stand nach Ansicht Kaiser Leos III. (717–741) im Widerspruch zum alttestamentlichen Bilderverbot (z. B. Ex 20,4 f.). Darüber hinaus war die Bilderverehrung theologisch vom Monophysitismus beeinflusst, der schon auf dem Konzil von Chalcedon 451 verurteilt worden war.

Auch wenn der Bilderstreit Anlass für die Abberufung des päpstlichen Apokrisars war, war diese doch vielmehr die Konsequenz aus den Auseinandersetzungen zwischen Leo III. auf der einen und den Päpsten Gregor II. (715–731) und Gregor III. (731–741) auf der anderen Seite. Hier stand tatsächlich nicht der Bilderstreit im Vordergrund, sondern die unnachgiebige Steuerpolitik des Kaisers in den weströmischen Territorien. Im Prozess der Entfremdung von Ost- und West-Rom wurden aber schließlich auch die Anhänger der Lehren des oströmischen Kaisers, die sogenannten Ikonoklasten, verurteilt. Vergeblich wurde damit versucht, die theokratische Herrschaft Ost-Roms in ihre Schranken zu weisen.

Die Apostolischen Vikare

Grenzsicherung

In der spätantiken Kirche gab es neben den päpstlichen Legaten sowie byzantinischen Apokrisaren einen weiteren kirchlichen Diplomatentypus: das Amt des Apostolischen Vikars, das Papst Innozenz I. (402–417) geschaffen hatte.

Die Anfänge des Instituts des Apostolischen Vikars reichen noch auf Papst Siricius (384–399) zurück, der in einem Brief an Bischof Anysius von Thessaloniki († 406) das besondere Interesse des römischen Bischofs an den kirchlichen Verhältnissen auf dem Balkan bekundete. In dem gleichen Schreiben übertrug der Papst dem Bischof die Kontrolle über alle Bischofsweihen im Illyricum. Papst Innozenz I. erweiterte den Auftrag und gab ihm die Vollmacht, „an unserer Statt" („nostra vice") die Sorge für die Bistümer wahrzunehmen. Damit sicherte er in dieser Provinz für die Zukunft den Anspruch der römischen Oberhoheit gegenüber Konstantinopel.

In Anlehnung an Innozenz ernannte sein Nachfolger Papst Zosimus (417–418) den Erzbischof von Arles zum Apostolischen Vikar für Südgallien; ein Titel, den Papst Leo der Große bestätigt.

Sonderaufgaben

Von dessen Nachfolger Papst Hilarius (461–468) sind nähere Einzelheiten über die Aufgaben des Vikars von Arles bekannt, der in einer gewissen Rivalität zum herausragenden Bischof Avitus von Vienne († 518) stand. Erst 514 wurde Caesarius von Arles (502–542) zum Vikar über jene gallischen und spanischen Provinzen bestellt, die zum Westgotenreich gehörten und zwischenzeitlich Theoderich dem Großen (493–526) unterstellt waren. Ein großer Teil des Vikariates stand zu dieser Zeit schon unter dem Einfluss der Franken.

Papst Vigilius (537–555) versuchte, den Vikar von Arles sogar politisch zu instrumentalisieren, indem er mit der Vikarsverleihung an Bischof Auxanius von Arles (543–546) die militärische Unterstützung bei der Einkreisung des in Italien operierenden Ostgoten Totila (541–552) forderte.

Papst Simplicius (468–483) übertrug dem Bischof Zenón von Sevilla (476–486) besondere Vollmachten und zugleich den Auftrag, in Spanien dafür zu sorgen, dass die von den heiligen Vätern festgesetzten Bestimmungen nicht übertreten werden. Schon 30 Jahre später wurden die Vollmachten für Sallust von Sevilla (vor 517–519) von Papst Homisdas (514–523) auf die römischen Provinzen Baetica und Lusitania, also auf den Süden und Südwesten der iberischen Halbinsel, beschränkt. Vermutlich seit der Konversion der Westgoten mit Amtsantritt ihres Königs Rekkared I. (586–601) wurde in Sevilla kein Sonderbevollmächtigter des Papstes im Range eines Vikars mehr bestellt.

Päpstlicher Ehrentitel

Gut 200 Jahre bestand das Institut des Apostolischen Vikars. Zur Kennzeichnung seiner Würde erhielt er sogar das Pallium, einen Umhang des Papstes, der eigentlich Erzbischöfen und Metropoliten als Zeichen ihrer besonderen Vollmachten vorbehalten war.

Seit Papst Bonifatius IV. (608–615) war die mit der Vikarswürde verbundene Verleihung des Palliums nur noch eine persönliche Auszeichnung ohne die Übernahme von besonderen Funktionen oder Diensten für den Papst.

Die Bischöfe von Lyon erhielten sich den Ehrentitel und hatten seit dem 6. Jahrhundert an Bedeutung für die Kirche im Frankenreich gewonnen. Bis ins 9. Jahrhundert wurden in Frankreich Bischöfe oder Erzbischöfe zu Apostolischen Vikaren bestellt. Größere Bekanntheit erlangten Drogo von Metz (844) und Ansegis von Sens (876), denen allerdings nur vorübergehend der Titel des Apostolischen Vikars verliehen wurde.

Missionslegaten in Mitteleuropa an der Schwelle zum Mittelalter

Für den mitteleuropäischen Raum wurde Winfried oder Bonifatius (672/5–754/5), der später sogenannte Apostel Deutschlands, mit Aufgaben betraut, die denen der bisherigen Apostolischen Vikare, wie sie im Illyricum, Frankreich und Spanien eingesetzt wurden, entsprachen: Am 30. November 722 weihte Papst Gregor II. Bonifatius zum Bischof. Sein Bischofseid enthielt auch folgenden Passus:

> „Ich, Bonifatius, durch Gottes Gnade Bischof, gelobe [...], mit Bischöfen jedoch, die gegen die altehrwürdigen Satzungen der heiligen Väter verstoßen, keinerlei Gemeinschaft und Verbindung zu halten – ihrem Treiben vielmehr Einhalt zu tun, soweit ich vermag, oder zumindest meinem Apostolischen Herrn [= Papst] gewissenhaft darüber zu berichten".

Mit diesem besonderen Huldigungseid wurde aus dem Prediger ein päpstlicher Beauftragter, der vordergründig in Abhängigkeit von Rom geraten war, aber darin letztlich eine entschiedene Legitimation und Stärkung für seine neue Aufgabe gesehen haben dürfte. Kurz darauf ernannte Papst Gregor III. (731–741) Bonifatius zum bevorrechtigten „Erstbischof" und 737/38 zum Missionslegaten für Germanien.

Vielleicht hatte schon Bischof Amandus von Maastricht 647 bei seiner Weihe zum Bischof einen ähnlichen Auftrag für das Gebiet der fränkischen Friesen erhalten. Doch bereits nach zwei Jahren verzichtete er auf sein Amt und zog sich in sein Kloster in Elnon – dem heutigen nach ihm benannten St-Amand-les-Eaux – zurück.

Die Erzbischöfe von Hamburg und Bremen erlangten ebenfalls die Missionslegation, jedoch für den Norden. Und zum Missionslegaten bei den Slawen wurde 869 der Erzbischof von Pannonien, Methodios († 885), ernannt.

Die Benennung von Apostolischen Vikaren und Missionslegaten war ausschließlich in der weströmisch-lateinischen Reichshälfte üblich gewesen. Die Legaten fungierten nur vorübergehend und in direktem Auftrag des Papstes. Ihre Vollmachten galten höchstens für die Dauer eines Pontifikats. Es kann bei den Vikaren und Missionslegaten keineswegs von einer kirchlichen Gliederung gesprochen werden wie etwa im Falle einer Metropolitanverfassung. Die Aufgaben des Vikars waren an eine Person gebunden und nicht an ein Bistum mit Territorium.

Erst in der Frühen Neuzeit wurde der Titel des Apostolischen Vikars vom Papsttum wiederentdeckt. Da allerdings wurden die Vikare den päpstlichen Nuntiaturen in Europa unterstellt. Der frühmittelalterliche Vikar hatte päpstliche Stellvertreterfunktionen ausgeübt, während der frühneuzeitliche Vikar diözesanrechtliche Aufgaben an eines Bischofs Statt wahrnahm.

Kapitel II:

Im Streit mit Kaisern und Königen: Die Gesandten des Mittelalters im Dienst von Reform und Universalität

„Dass sein Legat den Vorrang vor allen Bischöfen hat auf einem Konzil, auch wenn er einen niedrigen Weihegrad hat, und dass er gegen sie ein Absetzungsurteil fällen kann".

Papst Gregor VII. (1075)

Papst und Kaiser in fränkisch-karolingischer Zeit

Die fränkisch-karolingische Epoche ist für das Papsttum von hoher Bedeutung, weil sich in dieser Phase der Kirchengeschichte die entscheidende Wendung des Papsttums aus der zeitweise sogar untertänigen Abhängigkeit von Ost-Rom zum Abendland unter der Vormacht der fränkischen Könige vollzog. Mit diesem Schritt wurde das später sogenannte christliche Abendland begründet.

Entstehung des Kirchenstaates

In der sich in dieser Phase herausbildenden besonderen Papstverehrung durch die Franken und Germanen kam die herausgehobene gesamtkirchliche Stellung des Papsttums zu neuem Ansehen. Sie fand ihren sichtbaren Ausdruck in der Entwicklung des Kirchenstaates.

Seine Anfänge werden in das Jahr 728 mit der Schenkung von Sutri angesetzt. Der langobardische König Liutprand (712–744) hatte die oströmisch-byzantinische Stadt Sutri in Latium Papst Gregor II. überlassen.

Von der Herausbildung des Kirchenstaates kann aber wohl erst seit der sogenannten „Pippinischen Schenkung" gesprochen werden: Im Januar 754 empfing der fränkische König Pippin der Jüngere (751–768) Papst Stephan II. (752–757) in Quierzy. In dem „Vertrag von Quierzy" wurde das Exarchat von Ravenna, der kümmerliche Rest des oströmisch-byzantinischen Verwaltungsbezirks in Italien, dem Papst als Besitz überlassen; im Gegenzug anerkannte der Papst die karolingische Dynastie und verlieh ihr den Titel „Patricius Romanorum" (Schutzherr von Rom).

Das Schenkungsversprechen von Quierzy vom Jahre 754 wurde von dem späteren Kaiser Karl dem Großen (800–814; 768 fränkischer König) 774 erneuert, in den Jahren von 781 bis 788 teilweise durchgeführt und schließlich im „Pactum Ludovicianum" 817 durch Kaiser Ludwig den Frommen (813–840) bestätigt. Damit war die Errichtung des Kirchenstaates, des später sogenannten „Patrimonium Petri", abgeschlossen; freilich nahm der Kirchenstaat an territorialem Umfang durch weitere Schenkungen in den nächsten Jahrhunderten zu.

Die sogenannte „Konstantinische Schenkung" von 315/317 war eine geschickte Fälschung aus dem Umkreis der Päpste des 9. Jahrhunderts. Sie galt während des Mittelalters als Gründungsakt des Kirchenstaates und war „Symbol für die irdische Gestalt der Kirche" (Horst Fuhrmann). Nicht ohne Grund war die Fälschung zeitlich nahe an das Datum des Edikts von Mailand (313) zurückdatiert worden, mit dem das Ende der Christenverfolgung in der spätrömischen Antike besiegelt worden war.

Provokation des oströmischen Kaisers

Schon die Übernahme der Herrschaft über das Exarchat von Ravenna durch die Franken und dann noch dessen Schenkung an den Papst war vom oströmischen Kaiser als Provokation aufgefasst worden. Noch stärkere diplomatische Verwicklungen mit Byzanz bahnten sich mit der Kaiserkrönung Karls des Großen durch Papst Leo III. (795–816) Weihnachten 800 an; denn Karl nannte sich in seinen Urkunden fortan:

> „Karl, der erlauchtetste Erhabene, von Gott gekrönte, großen Frieden bringender Kaiser, der das Römische Reich regiert und auch durch Gottes Gnade König der Franken und Langobarden ist."

Die Kaiserkrönung war ein erster Höhepunkt im Annäherungsprozess von Germanentum und Papsttum. Damit wurde die karolingische Theokratie begründet, die einst bei den Merowingern unter Chlodwig I. (466–511) als Staatskirchentum begonnen hatte. Die Einheit von Reich und Kirche („regnum" und „sacerdotium") stufte den römischen Papst quasi zum „Reichsmetropoliten" herab. Ihr wesentliches Fundament bestand in der persönlichen Freundschaft zwischen Kaiser und Papst.

Apokrisar am fränkischen Hof

Je enger das Freundschaftsband zwischen dem deutschen Kaiser mit dem römischen Bischof und Papst geknüpft war, desto stärker wurde das Verhältnis zu Byzanz strapaziert. Gleichwohl übernahmen die Karolinger gerne Gepflogenheiten vom byzantinischen Kaiserhof, um die „translatio imperii", die Übertragung des Römischen Reiches in fränkische Hand, zu unterstreichen.

In Anlehnung an die Apokrisare am byzantinischen Kaiserhof übernahm der karolingische Hof schon im 8. Jahrhundert Amt und Titel des Apokrisars für jenen geistlichen Würdenträger, der die fränkischen Herrscher und späteren Kaiser in kirchlichen Angelegenheiten beriet und zugleich als Vermittler zum Papst fungierte. Der fränkische Apokrisar führte auch den Titel eines Erzkaplans („archicappellanus“). Er war – wie schon zuvor in Byzanz – kein Bevollmächtigter oder Gesandter des Papstes. Darüber hinaus war der Titel Apokrisar nicht auf den päpstlichen Vertreter am karolingischen Hof beschränkt. So nannten sich zum Beispiel auch die Gesandten der Cluniazenser und Zisterzienser in Rom Apokrisare.

Ausbildung des päpstlichen Legatenwesens

Neben dem Apokrisar, der, wie schon zu byzantinischer Zeit, in Doppelfunktion Mittelsmann zum Papst und fränkisch-karolingischer Hofbeamter war, sandten die Päpste zu ihrer Stellvertretung Legaten an die Fürstenhöfe und in die Länder West- und Mitteleuropas, um in zentralen innerkirchlichen Fragen direkt einzugreifen. Den Legaten fiel bei solchen Einsätzen höchstrichterliche Gewalt zu, ihnen wurden päpstliche Jurisdiktionsrechte übertragen. Dazu zählten u. a. richterliche Untersuchungen bei kirchenrechtlichen Vergehen und kirchlichen Missständen sowie die Einberufung von Synoden.

Das Pontifikat Nikolaus’ I. (858–867) bildet eine Zäsur in der Geschichte der päpstlichen Diplomatie. Die von ihm vertretene Oberhoheit des römischen Bischofsstuhles konzentrierte sich auf mehrere Politikfelder:

- Er wandte sich gegen Bestrebungen von Einzelkirchen, die seine Autorität und Macht beschränkten.
- Er suchte Ost-Rom an den Bischofsstuhl in Rom zu binden.
- Energisch trat er gegen sittliche Ausschreitungen germanischer Fürsten auf.

Seine Legaten wurden zu politischen Angelegenheiten herangezogen. Sie verhandelten mit den Lombarden- und Frankenkönigen darum, zukünftig ihren Regierungsantritt dem Papst anzuzeigen. Im Vergleich zu den anderen

Ländern hatte sich aufgrund des engen Verhältnisses zum fränkischen Kaiser das päpstliche Gesandtschaftswesen in Frankreich besonders früh entwickelt. So stand das päpstliche Gesandtschaftswesen in der Karolingerzeit ganz im Zeichen der Reichsidee und der Allianz von Kirche und Reich.

Die päpstlichen Legaten des 9. und 10. Jahrhunderts wurden „missi“ oder „missi apostolicae sedis“, „legati“ oder „legati a latere“ sowie „nuntii“ genannt. Der Titel des Legaten „a latere“ war zu dieser Zeit noch eine Ehrenbezeichnung. All diesen Gesandten standen für einen speziellen Auftrag subdelegierte päpstliche Jurisdiktionsrechte zu, die je nach Aufgabe individuell erweitert oder eingeschränkt werden konnten. Prinzipielle Unterscheidung der päpstlichen Gesandten in Klassen gab es in der Karolingerzeit noch nicht.

Die Gesandten der Reformpäpste des 11. und 12. Jahrhunderts

Päpste und Gegenpäpste

Das 11. und 12. Jahrhundert war gekennzeichnet durch ein Reihe großer reformeifriger Päpste, von denen Papst Gregor VII. (1073–1085) eine herausragende Stellung einnahm. Aus seinem Pontifikat liegen reichlich Urkunden vor, die seine Bedeutung für die Reform der Kirche besonders deutlich werden lassen.

Wie so häufig haben Neuerungen in der Kirche auch Gegnerschaften hervorkommen lassen. Da die Reform insbesondere von den Päpsten ausging, die unbequem wurden, ließen die deutschen Könige bzw. Kaiser des Mittelalters nicht selten Gegenpäpste wählen, ohne dass es deswegen zu einer Kirchenspaltung gekommen wäre.

Allein für das 11. und 12. Jahrhundert wurden dreizehn von insgesamt 38 Gegenpäpsten erhoben, die die Kirchengeschichte kennt.

Pontifikatszeit	Gewählter Papstname	Name vor Anname der Wahl zum Gegenpapst
1058–1060	Benedikt X.	Giovanni Mincio von Tusculum
1061–1064	Honorius II.	Pietro Cadalus von Parma
1080–1100	Clemens III.	Wibert von Ravenna
1100	Theodoricus	Theoderich
1102	Albertus	Albert von Sabina
1105–1111	Silvester IV.	Maginulf
1118–1121	Gregor VIII.	Mauritius Burdinus
1130–1138	Anaklet II.	Pietro Pierleoni
1138	Viktor IV.	Gregorio Conti von Ceccano
1159–1164	Viktor IV.	Octaviano de Montecello
1164–1168	Paschalis III.	Guido von Crema
1168–1178	Kalixt III.	Johannes von Struma
1179–1180	Innozenz III.	Lando von Sezze

Auch die Gegenpäpste bedienten sich eigener Gesandtschaften. So wurde zum Beispiel gegen den Erzbischof Ruthard von Mainz (1088–1109) vom Gegenpapst Clemens III. dreimal ein Prozess angestrengt, zu dessen Durchführung dieser seine Gesandten beauftragte. Auch bei Heiligsprechungen – dazu weiter unten mehr – wurden eigene Heiligsprechungslegationen beauftragt, wie zum Beispiel für die Heiligsprechung Karls des Großen durch Gegenpapst Paschalis III.

Investiturstreit

Der sogenannte Investiturstreit, ausgetragen zwischen König Heinrich IV. und Papst Gregor VII., war ausgelöst worden durch die Besetzung des Bischofsstuhls von Mailand im Jahre 1075 durch Heinrich. Entgegen bisheriger Praxis hatte Gregor die Einsetzung von Klerikern in kirchliche Ämter (die sogenannte Investitur) durch Laien kirchenrechtlich für ungültig erklärt und verboten. Das Investiturverbot galt selbstverständlich auch für den König bzw. Kaiser und stand im Zusammenhang mit der später nach dem

Papst benannten Gregorianischen Reform, die die „Freiheit" und Unabhängigkeit der Kirche von weltlichen Einflüssen forderte und somit eine tiefgreifende Verkirchlichung und auch Klerikalisierung der Papstkirche zur Folge hatte.

Schon im Zuge der Reformmaßnahmen, die seit Papst Leo IX. (1049–1054) – also lange vor Gregor VII. – betrieben wurden, sollte das aus karolingischer Zeit stammende Eigenkirchenwesen abgeschafft werden. Damit war die Existenz der reichskirchlichen Verfassungspraxis und bestehenden Machtstrukturen, in denen die Könige oder Kaiser die Bischöfe ernennen und bei Missfallen wieder absetzen konnten, in ihrem Wesen gefährdet.

Der Investiturstreit erreichte seinen Höhepunkt, als sich König und Papst gegenseitig absetzten. Der Papst verfluchte den König sogar in einem feierlichen Gebet zum heiligen Petrus – ein Novum in der Kirchengeschichte.

Gang nach Canossa

Mit Hilfe seiner Legaten und einer dichten Korrespondenz gelang es Gregor, die deutschen Fürsten und insbesondere Bischöfe für seine Positionen zu gewinnen. König Heinrich lenkte schließlich ein und reiste nach Rom. Der Papst reiste ihm entgegen und logierte auf einer Burg der papsttreuen Mathilde von Tuszien (1046–1115) im Appenin, südlich von Reggio Emilia. Gregor VII. selbst berichtete den deutschen Fürsten im Januar 1077 über die Begegnung mit den Worten:

> In Canossa „harrte Heinrich während dreier Tage vor dem Tor der Burg ohne jedes königliche Gepränge auf mitleiderregende Weise aus, nämlich unbeschuht und in wollener Kleidung."

Erst am dritten Tage empfing Gregor VII. den, wie in der Quelle geschildert, im Büßergewand gekleideten König. Bis heute ist das Schlagwort vom „Gang nach Canossa“ Chiffre und Sinnbild für die politische Unterwerfung bzw. für Eingeständnisse eines starken und/oder gleichstarken Gegners, ohne dass der Konflikt bis zum Ende ausgetragen worden wäre.

Heinrich IV. war sicherlich der stärkere der beiden Gegner – wenn hiermit weltliche Macht gemeint sei; aber er unterwarf sich der Autorität des Papstes. Nur vom Papst konnte er die Kaiserwürde erhalten.

Schon bald nach dem Canossa-Gang verschärfte sich der Konflikt zwischen Papst und Kaiser erneut. Die Getreuen Gregors in den Reihen der deutschen Fürsten wählten schon im März 1077 Herzog Rudolf von Schwaben zum Gegenkönig. Die Wahl entfachte in Deutschland einen Krieg (1077–1080), an dessen Ende die Wahl von Wibert von Ravenna (1020/30–1100) zum Gegenpapst Clemens III. (1080–1100) betrieben worden war.

Im Dienst päpstlicher Reformen

Auf kirchlichem Gebiet unterhielten die Legaten der Reformpäpste des 11. und 12. Jahrhunderts enge Verbindungen mit den kirchlichen Gewalten im Heiligen Römischen Reich Deutscher Nation, nämlich den Metropolitanbischöfen, Fürstbischöfen und Reichsäbten. Sie überbrachten die päpstlichen Anordnungen, Entscheidungen, Disziplinarmaßnahmen sowie Gnadenbezeugungen. Nur zwei Beispiel mögen das verdeutlichen:

- Dem Mainzer Erzbischof Siegfried I. (1059–1084), der zu Beginn des Investiturstreits in Gegnerschaft zu Gregor VII. stand, wurde 1070 verboten, eine Bischofsweihe vorzunehmen.
- Hugo (1024–1109), seit 1049 Abt von Cluny, überbrachte einem deutschen Abt den päpstlichen Befehl, sein Amt niederzulegen.

Das Eingreifen der Legaten in Deutschland stand im besonderen Blickpunkt der Zeitgenossen. Seit der Herrschaft von Kaiser Otto dem Großen (912–973, 951 König von Italien, 962 Kaiser) gerierte sich die Kirche im Reich als weitgehend unabhängig von den politisch ohnmächtigen Päpsten. Das lag letztlich an der Verfassung des Reiches, in der die Bischöfe nicht nur vom Papst ernannt worden waren, sondern als Territorialherren zugleich Lehnsherren des deutschen Königs waren.

Erst durch die Auseinandersetzungen zwischen Papst und Kaiser im Investiturstreit wurde die Bevormundung der Bischöfe durch die Legaten der Reformpäpste plötzlich offenbar. Die Legaten wurden zu wichtigen Vermittlern der päpstlichen Reformbemühungen. Ihr Eingreifen beschränkte sich jedoch bei bischöflichen Angelegenheiten zumeist nur auf jene Zeiten, in denen ein Bistum vakant oder der Bischof Schismatiker war und zu erwarten stand, dass dieser eine päpstliche Entscheidung nicht umsetzen würde.

Konzilien und Synoden

Wie bereits in der spätantiken Kirche war auch im Mittelalter die Einberufung, die Durchführung und die Leitung von Konzilien und Synoden eine der wichtigsten Aufgaben der päpstlichen Legaten. Das waren zum Beispiel die kleineren Regional-, Diözesan- und Provinzsynoden wie in Quedlinburg und in Mainz 1085, auf der sogar drei Legaten des Gegenpapstes Clemens III. anwesend waren. Viele Versammlungen waren von den örtlichen Bischöfen und Metropoliten einberufen worden, und die Legaten mussten ihre Zustimmung erteilen, die sie nur in seltenen Fällen verweigerten.

Die Synoden, die die päpstlichen Legaten einberiefen, zeichneten sich durch große Strenge aus. Die Legaten verlangten unbedingtes Erscheinen von jenen, die sie einluden.

Sie übernahmen in diesem Fall auch den Vorsitz der Synoden, auf denen sie vielfach römische Synodenbeschlüsse und Lehrentscheidungen verkündeten. Damit war auf den Synoden ein wichtiger Reformzweck erfüllt.

Auf der Synode zu Frankfurt (1069) und erneut auf der Synode zu Mainz (1071) machte Erzbischof Siegfried I. von Mainz (1060–1084) den eigens berufenen päpstlichen Gesandten den Vorsitz streitig. Siegfried sah sich als Nachfolger des heiligen Bonifatius und beanspruchte dessen Würde eines Legaten („apostolicae sedis legatus") nun auch für sich selbst.

Bischofswahlen

Eine zentrale Aufgabe der päpstlichen Legaten war das Mitwirken bei der Besetzung von Bischofsstühlen. In Frankreich, Spanien und manch anderen Ländern war die Benennung der Bischöfe ein Recht des Königs gewesen (sogenannte königliche Denomination), so dass eine Einflussnahme durch päpstliche Legaten nur in geringem Maße möglich war.

In Deutschland jedoch wurden die Bischöfe von den örtlichen Domkapiteln gewählt. Hier war die Mitwirkung päpstlicher Legaten bei einer Bischofswahl durch die Beeinflussung des Wahlgremiums durchaus möglich. Eine Bischofswahl erfolgte nicht nur beim Tode eines Bischofs, sondern auch bei Abfall eines Bischofs vom rechtmäßigen Glauben oder auch vom rechtmäßigen Papst.

Zur Illustration mag ein Beispiel, hier aus dem Bistum Konstanz, genügen: Der von Heinrich IV. investierte Bischof Karlmann (1070–1071) sah sich wegen des Simonievorwurfs und auf Druck des Papstes gezwungen, sein Amt niederzulegen. Auch der von Heinrich IV. eingesetzte Nachfolger, Otto I. von Lierheim (1071–1080/86), wurde 1080 vom Papst für abgesetzt erklärt. Kaiserliche Kandidaten hatten in Konstanz nun keine Chance mehr. In der verwaisten Diözese veranlasste Bischof Altmann von Passau (1065–1091) auf päpstliche Anordnung eine Neuwahl. Dadurch wurden jedoch absichtlich die Mitspracherechte des Metropoliten und Erzbischofs Siegfried von Mainz missachtet. Siegfried stand ohnehin im Investiturstreit in Gegnerschaft zu Papst Gregor VII. und damit auf seiten König Heinrichs IV. Der kränkliche Bischof Otto konnte sich in Konstanz nicht lange halten. Der päpstliche Gesandte Odo von Ostia (1035–1099, 1088–1099 Papst Urban II.) betrieb 1084 schließlich die Wahl von Gebhard III. von Zähringen zum Bischof von Konstanz (1084–1110).

Der „legatus romanus" von Gregor VII.

Gregors VII. Pontifikat leitete mit dem offenen Kampf gegen Heinrich IV. eine neue Epoche der Kirchengeschichte ein, die das endgültige Ende der durch Karl den Großen begründeten „karolingisch-germanischen Theokratie" bedeutete. Gregors Pontifikat brachte zugleich eine neue Entwicklung im Gesandtschaftswesen hervor. Die Legaten vermittelten nicht nur im Streit zwischen Papst und König. Aus päpstlicher Sicht galt es in Deutschland – und ebenso in anderen Ländern –, sich tief eingewurzelten innerkirchlichen Missständen entgegenzustellen. Um seine Ideen und einschneidenden Reformen durchzuführen, war der Papst auf die Mitarbeit zahlreicher Kräfte angewiesen. Ein wichtiges Instrument waren seine Gesandten. Gregor VII. erkannte deutlich die Entwicklungsfähigkeit dieser Institution.

Er übertrug den päpstlichen Geschäftsträgern in zahlreichen Fällen seine Stellvertretung und gab ihnen den Namen „legatus romanus". Auch gab Gregor ihnen eine formale Organisation. So wies er ihnen ein umgrenztes Territorium als Wirkungskreis an. Für ihren Unterhalt kamen die Kirchen im dem jeweiligen Distrikt (Provinz) auf. Der Papst blieb mit seinen Gesandten ständig in Verbindung, um ihnen Instruktionen zu erteilen und ihre Berichte entgegenzunehmen. Er ordnete ihre Stellung gegenüber den Ortsbischöfen und den anderen selbständigen kirchlichen Institutionen (Reichsabteien, Eigenkirchen etc.) und gab ihnen das Recht, in deren Machtbereiche einzugreifen.

Diese herausgehobene Stellung der Legaten fand auch Ausdruck in den 27 kurzen und prägnanten Sätzen mit dem Titel „Dictatus papae" von 1075, die Gregors Reformziele und Vorstellungen über die Stellung des Papstes innerhalb der Kirche und im Verhältnis zum Kaiser formulierten und in denen sich Gregor VII. sogar über den Kaiser stellte. Im vierten Leitsatz des „Dictatus papae" heißt es:

> „Dass sein Legat den Vorrang vor allen Bischöfen hat auf einem Konzil, auch wenn er einen niedrigen Weihegrad hat, und dass er gegen sie ein Absetzungsurteil fällen kann."

Schon Gregors Vorgänger Papst Alexander II. (1061–1073) ließ im Steuereinnahmeverzeichnis des Heiligen Stuhls („liber censuum") festschreiben, dass die Bischöfe und Äbte sich in ihrem Eid anlässlich ihrer Konsekration zum Gehorsam und zur Unterstützung der päpstlichen Legaten verpflichten mussten.

Selbstverständlich wurde seitens der Ortskirchen wie auch seitens der Päpste streng darauf geachtet, dass ein Legat ihm übertragene Vollmachten nicht überschritt oder gar missbrauchte. Damit wurde die Bindung an den Papst zusätzlich unterstrichen und verhindert, dass die Legaten zu mächtig wurden und sich möglicherweise verselbständigten. Zugleich war es durch diesen neuen Legatentyp möglich, mit fast allen europäischen Höfen in regelmäßigem Kontakt zu stehen, darunter auch mit Dänemark, Ungarn und Russland. Bis zu diesem Zeitpunkt kamen päpstliche Legaten eher selten in die nordischen Länder. Dort waren vor Gregors Zeiten zumeist heimische Bischöfe mit Legatenaufgaben betraut worden.

Die Kreuzzugslegaten von Urban II.

Zu Gregors VII. fähigsten Legaten gehörte sein eigener Nachfolger, Papst Urban II. Dieser hatte den Investiturstreit vorübergehend mit der Einberufung des Ersten Kreuzzugs beendet. Mit dem Schlachtruf auf dem Konzil in Clermont im Jahre 1095 „Deus lo vult" (Gott will es) wurde die ganze Christenheit mobilisiert. Durch die Kreuzzüge waren die Streitigkeiten zwischen Kirche und Reich marginalisiert worden. Kaiser Heinrich IV. verhielt sich während des Kreuzzugs geradezu defensiv. Der Investiturstreit fand somit ein vorläufiges Ende. Er sollte später um so heftiger wieder aufbrechen.

Für seinen Kreuzzug ernannte Urban II. seinen Getreuen Adhémar, den Bischof von Le Puy, zum Legaten. Adhémar war schon vor dem Konzil in Urbans Kreuzzugspläne eingeweiht und war offensichtlich unter den Teilnehmern einer der zentralen Stimmungsmacher für den Kreuzzug. Urban bedankte sich bei ihm und ernannte ihn zum Kreuzzugslegaten.

Doch war dieses nicht die einzige Legatenernennung. Als Urban II. sah, dass kein geschlossenes Heer nach Jerusalem ziehen würde, sondern zahlreiche, verhältnismäßig kleine Trupps, ernannte er die Kapläne einzelner Heerführer zu päpstlichen Kreuzzugslegaten, darunter den Kaplan von Robert, Herzog der Normandie (1054–1134), und Arnulf von Chocques († 1118), der 1099 und 1112 bis 1118 auch erster Lateinischer Patriarch von Jerusalem wurde.

Mit der Berufung der Legaten unterstrich Urban II. den päpstlichen Auftrag des ganzen Unternehmens. Nichtsdestotrotz entglitt die Kreuzzugsbewegung von Anfang an dem Einfluss der päpstlichen Kurie.

Wormser Konkordat

Nach dem „Gang nach Canossa" war die Zusammenkunft von Papst Calixt II. (1119–1124) und Kaiser Heinrich V.

(1081 oder 1086–1125, 1106 König, 1111 Kaiser) am 23. September 1122 in Worms eine der bemerkenswertesten Begegnungen im Zeitalter des Investiturstreites. An diesem Tag tauschten Papst und Kaiser jeweils eine Urkunde aus, mit der der Investiturstreit beigelegt wurde. Treffen und Inhalte des ausgefertigten Wormser Konkordats waren durch päpstliche Gesandte vorbereitet worden.

Kaiser Heinrich billigte der Kirche die Investitur mit Ring und Stab zu und gewährte den kirchlichen Einrichtungen die freie kanonische Wahl und unbehinderte Weihe des Gewählten. Im Gegenzug räumte Papst Calixt II. ein, dass die Wahl der deutschen Bischöfe und Äbte in Gegenwart kaiserlicher Abgeordneter (später sog. Wahlkommissare) verhandelt werden sollte. Der Gewählte sollte danach mit den Hoheitsrechten, die mit seinem geistlichen Amt verbunden waren, vom Kaiser durch das Zepter als weltlichem Investitursymbol belehnt werden.

Mit dem seit Ende des 17. Jahrhunderts sogenannten Wormser Konkordat wurde der Investiturstreit zunächst einmal beigelegt. Doch schon unter Friedrich II. (1194–1250), seit 1220 Kaiser, brach der Streit zwischen „imperium“ und „sacerdotium“ mit großer Schärfe erneut hervor. Das Wormser Konkordat aber wurde Musterkonkordat für ähnliche, später abgeschlossene Verträge mit Aragon (1208), England (1213) und Frankreich (1268).

Kirchenrechtliche Bestimmungen des 13. und 14. Jahrhunderts

Nach dem Investiturstreit entstammte die Sammlung und Zusammenfassung von kirchenrechtlichen Vorschriften der wachsenden Nachfrage nach einer Vereinheitlichung der vielfältigen Kirchenrechtstraditionen, die durchaus widersprüchlich sein konnten. Diesem Bedürfnis kam erstmals der Bologneser Mönch und Kirchenrechtslehrer

Gratian († vor 1160) nach, der um 1140 in seiner „Concordia discordantium canonum", dem sogenannten „Decretum Gratiani", im Abschnitt „De officio legati" über die päpstlichen Legaten unter anderem schrieb:

> Die Legaten seien zu ehren wie jener [= der Papst], dessen Stelle sie vertreten. Der Legat müsse sich als solcher ausweisen [akkreditieren] können durch die ausgestellten Legationsbriefe [= Beglaubigungsschreiben]. Er dürfe nicht seinen eigenen Nutzen, sondern den der Kirche suchen. Er dürfe die Jurisdiktion des [Orts-]Bischofs nicht einschränken. Der „legatus a latere" könne innerhalb der Grenzen seines Legationsbezirkes die an ihn durch Appellation gelangten Rechtsfälle erledigen. Ein allgemeines Konzil könne nicht ohne Autorisation durch den päpstlichen Legaten durchgeführt werden. Auch Subdiakone können „legati a latere" sein und für alle [rechtlichen und diplomatischen] Angelegenheiten eingesetzt werden. Wer Legaten an der Ausübung ihres Amtes hindere, verfalle der Exkommunikation.

Darüber hinausgehende Einzelbestimmungen über die Aufgaben und Rechte der Legaten finden sich auch in anderen Abschnitten des „Decretum Gratiani", etwa im Zusammenhang mit den Bestimmungen über die Rechte der Bischöfe.

Erst im Laufe des Mittelalters bildete sich das Dekretalenrecht heraus. Dabei handelte es sich um umfangreiche thematische Zusammenstellungen von zahlreichen Dekreten aus der Geschichte der Kirche. Zu den Dekretalen gehören:

- „Decretum Gratiani"
  und die späteren Rechtssammlungen,
- „Liber Extra" von Papst Gregor IX. (1227–1241),
- „Liber Sextus" von Papst Bonifaz VIII. (1294–1303),

- „Clementinen“: die vom ersten Avignonesischen Papst Clemens V. (1305–1314) zusammengestellten Dekrete des Konzils von Vienne (1311/12) wurden von seinem Nachfolger Papst Johannes XXII. (1316–1334) 1317 veröffentlicht.
- „Extravagantes“ waren von Papst Johannes XXII. erlassen worden.
- „Extravagantes Communes“ verschiedener Päpste von Papst Urban IV. (1261–1264) bis Papst Sixtus IV. (1471–1484).

In diesen Rechtssammlungen wurde erstmals zwischen drei Legatenklassen unterschieden:
1. „legati a latere“,
2. „legati missi“ (auch „nuntii apostolici“ genannt) und
3. „legati nati“.

Legati a latere

Die bis Mitte des 12. Jahrhunderts ansteigende Zahl der Kardinallegaten ging einher mit der wachsenden Bedeutung der Kardinalswürde überhaupt. Erstmals durch Papst Hadrian IV. (1154–1159) wurde deutlich zwischen zwei Legatenklassen unterschieden. Bischöfe wurden zwar von der Amtsgewalt einzelner Legaten befreit, jedoch ausdrücklich nicht von der des Legaten „a latere“, der zu jener Zeit identisch mit dem „cardinalis legatus“ war.

Durch unzweideutige juristische Formulierungen stellte der „Liber Extra“ von Gregor IX. aus dem Jahre 1228 die Sonderrechte heraus. Diese Rechte bestanden in einer ordentlichen Gerichtsbarkeit, die mit der der Bischöfe konkurrierte und die auch nach dem Tode eines Papstes nicht erlosch. Die Legaten erhielten das Recht, auch außerhalb ihres Wirkungsbereiches bzw. Sprengels jede Person von der Exkommunikation zu absolvieren. Sie durften auch im päpstlichen Monat, in dem die Besetzung bestimmter Pfründen üblicherweise dem Papst vorbehalten war, Benefizien verleihen, wofür jedoch die „legati missi“ eine spezielle Vollmacht benötigten. Die Wahlen hoher Würdenträger wie Bischöfe und Äbte durften die Legaten „a latere“ namens des Papstes bestätigen. Eine solche Bestätigung durften sie auch aussprechen, wenn schismatische Bischöfe zur Kirche zurückkehrten.

Hinsichtlich der in der Reformationszeit in den Vordergrund der Kritik geratenen Ablässe bestand die Regelung, dass der Legat „a latere“ wie auch die Bischöfe und Erzbischöfe Ablässe zum Brücken- und Kirchenbau gewähren konnte. Erst später hat sich das Recht herausgebildet, dass er auch 100-Tage-Ablässe gewähren konnte. Äußeres Zeichen der besonderen Stellung der Legaten „a latere“ war das Recht, außerhalb des Ortes, an dem sich jeweils Papst und Kurie befanden (bekanntlich hielt sich der päpstliche Hofstaat an wechselnden Orten im Kirchenstaat auf), sich mit den päpstlichen Gewändern, einem rotem Oberkleid und Birett, bekleiden zu dürfen.

Weitgehende innerkirchliche Befugnisse stärkten die Position dieses Legatentyps. Von den Bischöfen wurden sie zwar als lästig empfunden, fanden aber aufgrund des Selbstverständnisses der Kirche in jener Zeit noch keinen wirklichen Widerstand.

Legati missi

Die „legati missi“ waren die einfacheren Gesandten des Papstes. Sie wurden mit fest umschriebenen Aufträgen betraut und nach Erledigung wieder abberufen. Die „legati missi“ machten die Anordnung des Apostolischen Stuhls bekannt und beaufsichtigten deren Ausführungen. Sie waren in erster Linie der „Transformationsriemen“ für die Durchsetzung von päpstlichen Reformen in einzelnen Metropolitanbezirken. Als „verlängerter Arm des Papstes“ konnten sie nur selten eigenverantwortlich agieren, sondern standen in enger Verbindung zur Kurie.

Der Titel des „legatus missus“ verschwand erst mit der Entstehung des ständigen päpstlichen Gesandtschaftswesens zu Beginn des 16. Jahrhunderts; er ging gewissermaßen in dem Typus des frühneuzeitlichen ständigen Nuntius auf, der an seine Stelle trat.

Legati nati versus Metropoliten

Bis in das zweite Viertel des 12. Jahrhunderts war der „legatus romanus“ noch nicht weiter ausdifferenziert worden. Rein zahlenmäßig überwogen seit Papst Paschalis II. (1099–1118) die Kardinallegaten; allerdings gehörten die umtriebigsten Gesandten nicht dem Kardinalskollegium an. Es waren vielmehr Ortsbischöfe, die die Rolle des von Gregor VII. geschaffenen päpstlichen Stellvertreters in einem jeweils zugewiesenen Legationssprengel (Provinz) hervorragend ausfüllten.

Einen Wendepunkt bildete das Papstschisma von 1130. Papst Innozenz II. (1130–1143) setzte dem Legaten des Gegenpapstes Anaklet II. (1130–1138), Erzbischof Gerhard (Gérard) II. von Angoulême (1101–1136), seinen Legaten, Gaufried von Lèves, Bischof von Chartres (1116–1148), entgegen. Mit der Beseitigung des Schismas auf dem Zweiten Laterankonzil 1138 hatte sich dieser Erzbischof-Legatentyp als ein Kampfinstrument des Papstes überlebt. Die große Zeit der französischen Legaten war damit im 12. Jahrhundert vorüber.

Die Vorläufer der „legati nati“ waren in Frankreich ebenfalls die Erzbischöfe. Mit Ausnahme der Erzbistümer Aix und Rouen waren im Laufe des 12. und 13. Jahrhundert die Ordinarien aller französischen Erzbischofssitze von den Päpsten wenigstens vorübergehend mit Aufgaben eines Legaten betraut worden. Die Aufgaben überschritten deren Metropolitanstellung bei weitem – ja offensichtlich stand die Aufwertung des Amtes der Erzbischöfe in Zusammenhang mit dem gleichzeitig einsetzenden Verfall ihrer originären Metropolitangewalt.

Zu den bedeutendsten Vertretern dieses Gesandtschaftstyps zählten:

- Arnold Amalrich (1212–1225 Erzbischof von Narbonne). Er war Legat beim Albigenserkreuzzug. Über ihn wusste der Zisterzienser Cäsarius von Heisterbach (um 1180 bis nach 1240) in seinem „Dialogus miraculorum“ zu berichten: Arnold nahm 1209 an der Belagerung der Katharerhochburg Béziers teil. Nach der Eroberung der Stadt wurde er von einem ranghohen Soldaten gefragt, wie man die Katholiken von den häretischen Katharern unterscheiden könnte, denn der Soldat wollte ausschließen, versehentlich auch Rechtgläubige zu töten. Arnold soll geantwortet haben: „Tötet sie alle – Gott wird die Seinen schon erkennen.“
- Bernard Garin († 1138). Er war Abt von Saint-Victor (1127–1129) und 1129 bis 1138 Erzbischof von Arles und päpstlicher Legat.
- Ihm folgte Guillaume Monge als Erzbischof von Arles (1139–1142), der als päpstlicher Legat wiederholt Reformaufträge von Papst Innozenz II. (1130–1143) erhielt.
- Peter I., Erzbischof von Lyon (1131–1139).
- Der päpstliche Legat Guillaume II. d’Andozile war 1126 bis 1170 Erzbischof von Auch (in den Pyrenäen).

In Deutschland waren es die Erzbischöfe von Bremen-Hamburg, Köln, Mainz oder Trier, die zeitweise die Stellung eines päpstlichen Legaten erhielten. Insgesamt nahmen die Erzbischof-Legaten seit der Zeit Papst Hadrians IV. (1154–1159) zu. Mit der Berufung einheimischer Kirchenfürsten zu Legaten reagierte die päpstliche Verwaltung zu ihrer eigenen Entlastung auf die gestiegene Zahl der nach Rom gesandten Kirchenprozesse. Üblicherweise wurden Kirchenprozesse in zweiter Instanz an den Metropolitanbischof und in dritter Instanz nach Rom appelliert. Diese Prozesse konnten nun in zahlreichen Fällen im Land vom päpstlichen Legaten entschieden werden.

Bereits die Reformpäpste schränkten die Metropolitangewalt der Erzbischöfe ein, weil sie keine zu mächtigen Metropolitanbischöfe wünschten. Zum Ausgleich wurden die bisher automatisch mit der Erzbischofswürde übertragenen Rechte nun mehr ausdrücklich als päpstliche Rechte verliehen. Damit wurden die Erzbischöfe stärker an die Päpste gebunden, was sinnbildlich freilich auch schon mit der Verleihung des Pallium zum Ausdruck kommen sollte. Den Erzbischöfen wurde mit der verstärkten Zentralisierung kirchlicher Jurisdiktionsrechte deutlich gemacht, wer ihnen überhaupt die Vollmachten zu ihrer Amtsausübung verlieh, nämlich der Papst. Diese ursprünglich außerordentlichen Vollmachten wurden später einem kleinen Kreis von Inhabern herausragender Erzbistümer ständig verliehen und auf deren Nachfolger übertragen.

In der Geschichte der päpstlichen Diplomatie sind die drei klassischen „legati nati" die Erzbischöfe von Canterbury, York und Reims, sie werden auch ausdrücklich in der kanonischen Rechtssammlung „Liber Extra" genannt.

Der Einfluss der „legati nati" nahm bereits im Hochmittelalter ab; im 14. Jahrhundert verloren sie völlig an Bedeutung. Der Titel wurde den Nachfolgern auf den Erzbischofsstühlen jedoch traditionell weiterhin verliehen und hat sich bei zahlreichen Erzbischöfen bis heute als Ehrentitel – zum Beispiel auch in Köln, Gnesen, Salzburg und Prag – ohne faktische Bedeutung erhalten.

Nationallegaten

Waren die „legati nati" im 14. Jahrhundert bedeutungslos geworden und bloßer Ehrentitel, so gilt dies jedoch nicht für Nationallegaten wie zum Beispiel Kardinal Francisco Ximenes (1436–1517), seit 1496 in Kastilien, oder Kardinal Georges d'Amboise (1460–1510), von 1501 bis 1510 in Frankreich tätig. Ihre Berufung war ein Zugeständnis des durch das Abendländische Schisma (1378–1417) geschwächten Papsttums. Damit förderte das Papsttum staatskirchliche Bestrebungen und begünstigte nationalstaatliche Entwicklungen. Das Institut der Nationallegaten erinnert sehr an die Missionslegaten des frühen Mittelalters, doch muss betont werden, dass die Nationallegaten eine eigenständige und vorbildlose kirchliche Einrichtung waren. Sie sind ebensowenig Nachfolger der Missionslegaten, wie die Nationallegaten wiederum keine Vorläufer der späteren ständigen Nuntien sind.

Resümee

Bei der Tätigkeit aller päpstlichen Legaten des Hochmittelalters stand nicht nur die Pflege üblicher diplomatischer Kontakte im Vordergrund. Sie sind vielmehr im Kontext der Gregorianischen Reformen Ausdruck des Werbens der Päpste um ihre volle weltliche und innerkirchliche Anerkennung. Im Dekretalenrecht war die kirchenpolitische und kirchenrechtliche Stellung der Legaten und faktisch auch der Nuntien bis zum Ende des 19. Jahrhunderts festgeschrieben und gültig geblieben. Die Päpste konnten auf dieser Grundlage den Ausbau ihres Gesandtschaftssystems betreiben, welcher seit Ende des 12. Jahrhunderts einherging mit dem Ausbau der päpstlichen Hof- und Kirchenverwaltung.

Selbstverständlich gab es zu allen Zeiten, wie auch im Mittelalter, Missstände unter den Legaten. Nicht ohne Grund hat Papst Alexander IV. (1254–1261) die Bischöfe in Gallien ermutigt, unverzüglich nach Rom zu schreiben, wenn ein Legat Anlass zu Klagen gibt. Zwei Gründe gab er an: Zum einen würden die Schuldigen angemessen bestraft werden können, und zum anderen würden sich die übrigen Legaten aus Furcht vor derselben Strafe scheuen, Ähnliches zu tun.

Das Gesandtschaftswesen vom 13. bis 15. Jahrhundert

Nach den Gregorianischen Reformen sowie nach den Bemühungen um ein einheitliches Kirchenrecht begann jene Epoche der Kirche, die stark von den Kreuzzügen und dem Vorgehen der Inquisition geprägt war. Zugleich war das Papsttum unter der staatsmännischen Persönlichkeit des Weltenrichters („arbiter mundi") Innozenz III. (1198–1216) auf dem Höhepunkt seiner Macht angelangt. Mit dem Pontifikat Innozenz' III. setzt auch eine dichte Quellenüberlieferung ein, die dem Historiker ein sichereres Urteil erlaubt.

Universalität und Vorrangstellung des Papsttums unter Innozenz III.

Innozenz brachte in zahllosen Schreiben seine für die gesamte Christenheit beanspruchte Vorrangstellung zum Ausdruck und stellte sich damit vielfach in Gegnerschaft zu den Königshäusern und zum Kaiser. Den innerkirchlichen Zusammenhalt suchte er durch disziplinarische Maßnahmen aufrechtzuerhalten. Dazu errichtete sein Nachfolger Gregor IX. die sogenannte Inquisition und übertrug diese als gesamtkirchliches Institut dem Dominikanerorden.

Um seinem Vorrang auch Ausdruck zu verleihen, benötigte Innozenz zahlreiche Legaten:

- zur Kreuzzugsvorbereitung und -begleitung,
- an der Peripherie seines Einflussbereiches, insbesondere den Ostseeländern,
- zur Kirchenreform in Ungarn,
- zur Bekämpfung der Häretiker, besonders in Südfrankreich,
- und zur Förderung der Unionsbestrebungen mit den griechischen Schismatikern.

- An den Höfen in Frankreich und Aragon warben Legaten für die Beachtung der christlichen Sittengesetze.
- Überwiegend machtpolitischer Natur war der Einsatz von Legaten bei der Sicherung des um Spoleto und Ancona erweiterten und damit endlich zu einer Einheit zusammengefügten Gebietes des Kirchenstaates.
- Auch die Ansprüche auf das tuszische Patrimonium bzw. die mathildischen Güter waren zwischen Kaiser und Papst umstritten. Es bedurfte der Vermittlungen von Legaten.
- Anlässe zum Einsatz von Legaten boten auch der Thronstreit in Deutschland,
- der schroffe Gegensatz der Päpste zur Italienpolitik der staufischen Könige,
- die politischen Wirren in England sowie
- die berechnende Politik des französischen Königs Philipp II. (1179–1223).
- Die Gründung des sogenannten Lateinischen Kaisertums in Konstantinopel (auch „Romania" genannt) im Jahre 1204 kam überraschend und für Innozenz III. auch höchst ungelegen. Die Gebietsansprüche von Kaiser Balduin I. auf Bulgarien veranlassten den Papst vom ersten Jahr seiner Regierung an, Fühlung mit dem Orient und der griechischen Kirche zu nehmen. Die Missionen der päpstlichen Diplomaten, die mit Unionsprojekten nach Konstantinopel kamen, scheiterten allein daran, dass sie am Hofe keinen legitimierten Verhandlungspartner fanden. Da sich nach dem Scheitern des Lateinischen Kaisertums nun das byzantinische Mönchstum zu Glaubenshütern emporschwang, war keine funktionierende kirchliche Hierarchie mehr anzutreffen.

Durch die Wahl von Päpsten und zuweilen zwei Gegenpäpsten (besonders 1159–1180 und 1378–1415) war die lateinische Kirche oftmals gespalten. So nahm im 12. und 14. Jahrhundert die Anzahl der Legaten zu. Um sich an den Bischofsstühlen sowie an den Fürstenhöfen durchzusetzen, entsandten die Päpste sowie die Gegenpäpste ihre jeweiligen Gesandten. Dadurch konnten die Päpste und Gegenpäpste bis in die entlegensten Länder die Menschen für sich vereinnahmen und trugen somit zu einer Polarisierung von Episkopat, Klerus und Kirchenvolk bei.

Die päpstliche Polenpolitik im 14. und 15. Jahrhundert sah sich mit schwierigen Aufgaben konfrontiert. Das Bemühen um eine antitürkische Liga, die Neutralisierung der deutschordensfeindlichen Haltung sowie nach dem Konzil von Florenz (1439) die Unionspläne mit der russischen Kirche und schließlich die Gefahr durch die Hussiten standen im Zentrum des Interesses der nach Polen entsandten päpstlichen Legaten.

Eine besondere Rolle spielten durch alle Jahrhunderte die Konzilslegaten, die bei Vertretung eines Papstes mit der Gesamtleitung eines Konzils beauftragt wurden. Sie nahmen wesentlich auf den Verlauf der Sitzungen Einfluss.

Der Vierte Kreuzzug

Nachdem europäische Könige zum Zweiten und Dritten Kreuzzug (1145/46 bzw. 1187/92) aufriefen, die allerdings scheiterten, bereitete Papst Innozenz III. seit Beginn seines Pontifikats den vierten Kreuzzug (1202–1204) sorgfältig durch seine Legaten vor. Diese wurden zu Generalkollektoren berufen, um das Geld zur Finanzierung des Kreuzzugs zu sammeln.

Der Vierte Kreuzzug unterschied sich auch durch die intensive diplomatische Vorbereitung. Bis ins kleinste Detail wurden Truppentransporte per Schiff und die weitere Truppenversorgung von Europa aus vorbereitet.

Wie schon der Erste, so war auch der Vierte Kreuzzug vom Papst initiiert. Nach dem Vorbild seiner Vorgänger ernannte Innozenz III. zwei Kardinäle zu Legaten, die das Kreuzfahrerheer auf seiner Fahrt begleiten und dabei die ständigen Vermittler päpstlicher Anordnungen sein sollten.

Gleichzeitig bemühten sich die Legaten vor und während des Kreuzzuges, Unterstützung für die Heerfahrt bei den weltlichen Potentaten Frankreichs, Englands, Konstantinopels und anderswo zu erlangen. Ihre Aufgabe bestand darin, die vielfach entzweiten Fürsten des gesamten christlichen Europas für den Kreuzzugsgedanken zu begeistern und zusammenzuführen.

Als es schließlich soweit war, wurde von den Anführern des Kreuzzuges den päpstlichen Legaten die Teilnahme untersagt, damit die Truppen ungestört ihre Raubzugspläne verwirklichen konnten. Dennoch reiste Kardinallegat Pietro Capuano († 1214) mit. Er konnte die Eskapaden und diversen Raubzüge einzelner Truppenteile während des Kreuzzugs nicht verhindern. Weil Capuano zur Untätigkeit gezwungen worden war, beauftragte Innozenz III. ihn erneut und erweiterte sogar seine Fakultäten. Capuano wirkte nur kurze Zeit im Heiligen Land, bis er sich schließlich auf Drängen des Lateinischen Kaisers Balduin I. (1204–1205) nach Konstantinopel begab. Innozenz III. ernannte daraufhin 1205 Pietro di San Marcello zum neuen Gesandten für das Kreuzzugsheer und bevollmächtigte für das Gebiet des Königreichs Jerusalem den dortigen Patriarchen Albert.

Heiligsprechungslegationen

In den Zusammenhang der von den Päpsten des 12. Jahrhunderts ausgehenden Reformen und Zentralisierungsbemühungen gehört auch die Schaffung eines förmlichen Heiligsprechungsverfahrens.

In der Urkirche begann die Heiligenverehrung mit den Beisetzungszeremonien für jene, die ihr Leben für ihren Glauben geopfert hatten. Aufschwung nahm die Martyrerverehrung nach dem Toleranzedikt von Mailand im Jahre 313. In den Diözesen wurden eigene Martyrologien geführt, um innerhalb des Kirchenjahres auch ihr Jahrgedächtnis zu begehen. Gleichzeitig wurde der Martyrerbegriff erheblich ausgeweitet, ohne dass einheitliche Verfahren oder Grundsätze entwickelt worden waren. Lehrer, Einsiedler, Asketen, Mönche und Missionare wurden vom gläubigen Volk verehrt. Noch heute gehört die Verehrung durch das gläubige Volk zu den Grundvoraussetzungen zur Kanonisation eines Seligen und Heiligen. Aber um einerseits Auswüchsen entgegenzuwirken und andererseits die Autorität des Papsttums zu stärken, verbreitete sich im 12. Jahrhundert die Auffassung, allein mit päpstlicher Autorität dürfe eine förmliche Kanonisation ausgesprochen werden.

Um dieses Recht auszuüben, entsandten die Päpste des 12. Jahrhunderts sogenannte Heiligsprechungslegationen in die Länder, in denen, von wem auch immer, eine Heiligsprechung beabsichtigt war.

1145 führte Bischof Egilbert von Bamberg (1139–1146) mit einer päpstlichen Legation erfolgreiche Verhandlungen über die Heiligsprechung Kaiser Heinrichs II., die schon ein Jahr später erfolgte.

Spektakulär war die Heiligsprechung Karls des Großen. Sie wurde vom Kölner Erzbischof und Erzkanzler von Italien, Reinald von Dassel († 1167), betrieben. Hierzu lud er 1165 eine Heiligsprechungslegation des Gegenpapstes Paschalis III. (1164–1168) nach Köln. Papst Alexander III. (1159–1181) hatte die Heiligsprechung nie anerkannt. Mit dieser Aktion sollte Paschalis legitimiert sowie das Einvernehmen zwischen dem Gegenpapstes und dem von Karl dem Großen begründeten deutschen Kaisertum inszeniert werden. Letztlich gestand Erzkanzler Reinald von Dassel zu, dass Heiligsprechungen römisches Recht sind.

Seit 1234 gelten Heiligsprechungen schließlich als päpstliches Reservatrecht, das Eingang in die Dekretalen Gregors IX. fand.

Zentralisierung oder Universalisierung?

Die Reformbemühungen der Päpste wurden und werden gerne dem Verdacht ausgesetzt, im Dienste der päpstlichen Machterweiterung gestanden zu haben. In diesem Zusammenhang wird von Zentralisierungsbemühungen der päpstlichen Kurie gesprochen. Dabei zeigen manche diplomatische Vorgänge des 13. Jahrhunderts, dass es den Päpsten nie um Machterweiterung ging, sondern um die Universalisierung der Kirche. Triebfeder für ihr Denken und Handeln war oft eine tiefe und leidenschaftliche Religiosität, die keinen Raum ließ für ein egoistisch motiviertes Machtbewusstsein. Für Päpste wie Gregor VII. galt es, Gottes Willen zu tun. Darin unterschied sich das Papsttum in den Jahrzehnten nach den Gregorianischen Reformen in erheblichem Maße von manchen anderen Epochen der Geschichte des Papsttums.

Universalisierung und kulturelle Integration am Beispiel Norwegens

Im 13. Jahrhundert kann beobachtet werden, dass die diplomatische Erwiderung päpstlicher Avancen auch für manches Land – vor allem an der Peripherie des europäischen Kontinents – eine kulturelle Integration ermöglichte und damit einen Modernisierungsschub mit sich brachte.

Europäische Kernländer waren für das Papsttum vor allem England, Frankreich und Deutschland. Doch anhand diplomatischer Beziehungen der Päpste zu den angrenzenden nordischen Ländern wurde deutlich, dass hiermit einhergehend die Rezeption kultureller europäischer Standards erfolgte und damit das Reformpapsttum wesentlich zur europäischen Integration beitrug. Es war ein großer Erfolg für die Länder, mit denen das Papsttum in Kontakt stand, und es war ein Erfolg für die Kirche selbst, die ohne etwaigen Missionseifer ihrem Anspruch einer universalen Kirche gerecht wurde.

Am Beispiel der Beziehungen zwischen Norwegen und dem Papsttum wird dieses deutlich. Schon Anfang des 12. Jahrhundert hatte der päpstliche Legat Nikolaus von Albano (der spätere Papst Hadrian IV.) die Kirche in Norwegen neu strukturiert. Beziehungen zwischen beiden Mächten existierten bereits, als König Håkon IV. (1217–1263) Jahre nach seiner Krönung zum König wegen eines Geburtsmakels nun zur Festigung und Legitimation seiner Herrschaft eine erneute Krönung durch einen päpstlichen Legaten wünschte. Diese erfolgte tatsächlich am 29. Juli 1247 in Bergen durch den päpstlichen Kardinallegaten Wilhelm von Sabina († 1251). Dieser versuchte schon im Vorfeld der Krönung als Gegenleistung die rechtliche Stellung der Kirche Norwegens neu zu bestimmen und das kanonische Recht einzuführen. Der Legat trug König Håkon sogar die Kaiserkrone an. Freilich begriff dieser, dass er sich damit überheben würde.

Das Interesse an einer kulturellen Hinwendung zum europäischen Zentrum stand auf norwegischer wie päpstlicher Seite in besonderem Interesse der bilateralen Beziehungen.

Die päpstlichen Kollektoren

Zu Anfang des 13. Jahrhunderts begann die römische Kurie, die vom Papst auferlegten Zehnten und zusätzliche vom Heiligen Stuhl erhobenen Abgaben wie den Kreuzzugszehnten durch eigene Beauftragte zu erheben. Aus dieser Tätigkeit bildete sich ein besonderer kurialer Beamtentyp heraus: die Kollektoren. Sie unterstanden der Apostolischen Kammer.

Zunächst waren es einfache Kleriker, die aus dem jeweiligen Land, in dem die Abgaben eingezogen wurden, aber auch aus Italien stammen konnten. Erst als die Bedeutung des Amtes stieg, wurden auch kirchliche Würdenträger mit diesem Amt beauftragt.

Der für die Kollektoren im 15. Jahrhundert verwendete Titel „nuntii et collectores" machte glauben, dass die Kollektoren gewissermaßen die Vorläufer des „ständigen" Nuntiaturwesens des 16. Jahrhunderts gewesen seien. Doch war bis Anfang des 16. Jahrhunderts die Bezeichnung „nuntius" sehr allgemein gebraucht worden, ja noch nicht einmal nur auf päpstliche Gesandte beschränkt gewesen, so dass sich aus den Kollektoren das Amt des späteren „ständigen Nuntius" nicht zwangsläufig entwickelt haben muss.

Was zunächst für die These sprach, dass die Kollektoren Vorläufer der Nuntien gewesen seien, war der Umstand, dass in vielen weit von Rom entfernten Ländern, wie in England, den nordischen Regionen, auf der iberischen Halbinsel und in Osteuropa (besonders Polen), die Kollektoren nicht nur mit fiskalischen Angelegenheiten betraut wurden, sondern auch diplomatische Aufgaben übernommen hatten, während in den europäischen Kernländern Frankreich und Deutschland neben den Kollektoren zusätzlich päpstliche Legaten wirkten. Gerade die französische und deutsche Besonderheit spricht jedoch dafür, dass die Ämter der Kollektoren und Nuntien je eigene historische Entwicklungen genommen haben.

Manche Kollektoren wurden bei ihrer Ernennung ähnlich wie die „legati missi" mit Vollmachten (Fakultäten) ausgestattet, die mit ihrer Sammeltätigkeit nichts zu tun hatten. Diese Fakultäten waren in der Regel mehr oder weniger genau umschrieben, ihre Gültigkeit zeitlich begrenzt oder auf eine Höchstzahl festgelegt. Im einzelnen handelte es sich um die Vollmachten, Notare zu kreieren, Pfründen und Pfründenanrechte zu verleihen, von Weihehindernissen zu dispensieren, Ehedispense zu gewähren sowie verschiedene Sondergenehmigungen und Absolutionen zu erteilen. Weitere Sondervollmachten konnten die Attraktivität des Kollektorenamtes steigern und die Akzeptanz der politischen wie finanziellen Anliegen der Kurie im Gastland ihrer Bevollmächtigten fördern.

Dauerkonflikt zwischen Papst und Kaiser

Das Papsttum des Mittelalters ist in keiner Weise mit dem Papsttum des ausgehenden 19. bis 21. Jahrhunderts zu vergleichen. Der Papst saß keineswegs ständig in Rom, sondern zog vielmehr insbesondere während des Sommers oder wenn wieder Malariagefahr drohte in die italienischen Städte wie Anagni, Ancona, Pienza, Sutri, Viterbo, die deswegen auch Papststädte genannt werden.

Auch nach dem Investiturstreit war der Grundkonflikt zwischen Papsttum und Kaisertum nicht beseitigt. Dieser war schon in der Struktur der Mächteverhältnisse begründet. Einen neuen Höhepunkt erreichten die Auseinandersetzungen unter Kaiser Friedrich II. (1220–1250) Hier soll nur eine Begebenheit die Schärfe der Auseinandersetzungen kennzeichnen:

Papst Gregor IX. hatte nach konfliktreichen Jahren und zwischenzeitlicher Aussöhnung mit Kaiser Friedrich II. diesen 1239 exkommuniziert. In dem sich anschließenden erbitterten Kampf schloss Friedrich den Papst in der Stadt Rom ein. Gregor rief daraufhin die europäischen Könige und Bischöfe zu einem Ökumenischen Konzil im Jahre 1241 nach Rom ein. Das Konzil fand nicht statt, denn Friedrich hatte die Blockade gegen Rom und Papst nicht aufgehoben. Er kontrollierte weiterhin die Straßen nach Rom. Als der Papst nun auf den Seeweg auswich und die Konzilsteilnehmer über den Hafen von Genua per Schiff nach Rom zu bringen suchte, setzte Friedrich seine Flotte ein und nahm im Mai 1241 die papstreuen Bischöfe, manche sogar für mehrere Jahre, gefangen.

Avignonesisches Papsttum

Von 1309 bis 1377 lebten insgesamt sieben Päpste in Avignon, der Gegenpapst Nikolaus V. (1328–1330 Gegenpapst) nicht mitgezählt. Es waren:

- Clemens V. (1305–1314; seit 1309 in Avignon)
- Johannes XXII. (1316–1334)
- Benedikt XII. (1334–1342)
- Clemens VI. (1342–1352)
- Innozenz VI. (1352–1362)
- Urban V. (1362–1370)
- Gregor XI. (1370–1378)

Der Umzug der Päpste nach Avignon – in die „Babylonische Gefangenschaft“, wie die heilsgeschichtliche Theologie des Mittelalters glauben machte – erfolgte nach dem Tode von Papst Bonifaz VIII. im Exil. Papst Clemens V. war Franzose und stand schon als Erzbischof von Bordeaux (1300–1305) völlig unter französischem Einfluss. Er wurde 1305 in Beisein des französischen Königs Philipp IV., genannt der Schöne (1285–1314), nach einem 15 Monate andauernden Konklave gewählt. 1309 verlegte Clemens auf Drängen Philipps den Sitz nach Avignon. Dieser Philipp war übrigens auch jener, der aus Neid, Habsucht und Machtbesessenheit Clemens V. drängte, 1307 den wirtschaftlich erfolgreichen und politisch einflussreichen Templerorden aufzulösen.

Mit dem Umzug nach Avignon entzog sich der Papst zwar den Machtkämpfen mit den römischen Adelsfamilien, geriet aber gleichzeitig unter noch stärkeren Einfluss Frankreichs, was ihm sehr bald bewusst wurde. So versuchte Clemens für kurze Zeit, sich mit Hilfe Kaiser Heinrichs VII. (1312–1313) der Einflussnahme des Franzosen zu erwehren. Heinrich setzte jedoch faktisch die imperiale Politik Kaiser Friedrichs II. in Italien fort, so dass Clemens sich schließlich doch für einen Verbleib in Avignon entschied.

Frankreichs Einfluss an der Kurie in Avignon wuchs. Für die Wahl von Papst Johannes XXII. dauerte es zwei Jahre, bis man sich überhaupt auf einen Konklaveort einigte. Bis 1362 wurden nur Franzosen zu Päpsten gewählt, und auch die neu ernannten Kardinäle kamen aus Frankreich oder waren wenigstens frankophil. Der Nepotismus nahm zu, der Papstpalast in Avignon wurde ausgebaut, und die Hofhaltung wurde immer prächtiger.

Gleichzeitig wurde es von Avignon aus immer schwieriger, den Kirchenstaat zu verwalten. Zunehmend nahmen päpstliche Legaten die Aufgaben im Kirchenstaat und in Rom wahr. Das wurde besonders augenfällig, als 1355 zur Kaiserkrönung Karls IV. in der Konstantinischen Basilika in Rom nicht der Papst, sondern sein Legat kam. Eine solche Krönung hatte ihre deutlichen Mängel: Zur Erlangung der Kaiserwürde waren die deutschen Könige seit der Krönung Karls des Großen im Jahre 800 angehalten worden, nach Rom zu kommen – und nun ließ sich der Papst von einem Legaten vertreten. Karl IV. bot sofort Papst Urban V. an, unter seinem Schutz nach Rom zurückzukehren. Ihm war an einem guten Verhältnis von Reich und Kurie gelegen.

In der ganzen Weltkirche wurde der Ruf nach einer Rückkehr der Päpste immer lauter. Papst Urban VI., ein Italiener auf den Papstthron, unternahm diesen als notwendig erachteten Schritt – nicht ohne Folgen für die Kirche. Dem Avignonesischen Papsttum, das faktisch erst mit Benedikt XIII. (1394-1417 bzw. 1423) endete, folgte das sogenannte Abendländische Schisma.

Das „Große Abendländische Schisma"

Die französischen Kardinäle erklärten nach dem Umzug des Papstes nach Rom 1377 den Heiligen Stuhl für vakant. Dies führte nach dem Tode Papst Gregors XI. am 27. März 1378 zum großen Schisma, das bis zum Konzil von Konstanz 1417 andauerte. Der Größenwahn Urbans VI. (1378–1389) verschreckte sogar dessen Anhänger, so dass es von 1378 bis 1417 einen Papst in Rom und in Avignon die Gegenpäpste Clemens VII. (1378–1394) und Benedikt XIII. (1394–1409 und 1417) gab.

Sowie das Konzil von Pisa 1409 mit dem Lateinischen Patriarchen von Alexandria, Simon de Cramaud (ca. 1345–

1423) als Konzilspräsident den Höhepunkt des Abendländischen Schismas bildete, so war es das Konzil in Konstanz 1414–1418 unter der Leitung des Kardinals Francesco Zabarella (1360–1417), eines Gefolgsmanns des Gegenpapstes Johannes XXIII. (1410–1415), das das Schisma beilegte.

Kapitel III:

Zwischen Glaubenskrieg und Revolution: Die päpstlichen Nuntiaturen im Zeitalter der Reformation bis zum Ende des Ancien Régime

„Der Papst hat unstreitig die Nuntien auf sehnliches Verlangen der Deutschen Nation nach Deutschland geschickt.“

Justus Möser (1791)

Die Anfänge der ständigen Nuntiaturen

Angelo Leonini – Erster ständiger Nuntius in Venedig

Die Anfänge der sogenannten „ständigen Nuntiaturen“ fallen in das Jahr 1500, als am Hofe des venezianischen Dogen der päpstliche Gesandte Angelo Leonini, Bischof von Tivoli (1499–1509), akkreditiert wurde. Seine Stellung unterschied sich von den bisherigen päpstlichen Gesandten dadurch, dass er nicht mehr wie seine Vorgänger nur zur Erledigung eines besonderen Auftrags entsandt wurde. Er wurde vielmehr mit langfristigen Aufgaben betraut, die über das Pontifikat eines Papstes hinausreichen konnten. Damit erfolgte die Abberufung eines Nuntius nicht mehr automatisch mit dem Tode des jeweiligen Papstes.

Leonini hatte am Hofe des Dogen die Aufgabe, die durch ihren Außenhandel in der ganzen Welt umtriebigen Venezianer für die Unterstützung des Papsttums im Kampf gegen die Türken zu gewinnen und die dafür notwendige enge Zusammenarbeit sicherzustellen. Praktische Erwägungen waren es, die zur Einrichtung einer ständigen Nuntiatur führten. Ein ortsansässiger Nuntius konnte im Interesse der Sache schneller eingreifen; lange Reisezeiten und hohe

Kosten von Sonderlegationen konnten eingespart werden. Auch brauchte ein Nuntius nicht mehr um das Vertrauen des Hofes zu werben, weil er nach einem mehrjährigen Aufenthalt bereits bekannt war. In die Arbeit der Papstdiplomatie fanden nun Routine und damit zugleich Professionalität Eingang.

Begründung des Nuntiaturwesens durch den Medici-Papst Leo X.

Der Aufbau eines ständigen päpstlichen Gesandtenwesens blieb anfangs auf die italienische und iberische Halbinsel sowie auf Frankreich beschränkt. Nachdem in Venedig seit 1500 ein Nuntius war, wurde 1503 ein erster Nuntius nach Paris entsandt. 1504 wurde ein Nuntius nach Madrid gesandt, der zugleich für die Königreiche Aragon und Kastilien zuständig wurde. Er mag somit – wie zuvor der Nationallegat Ximenes – zu einer Förderung des nationalstaatlichen Bewusstseins auf der iberischen Halbinsel beigetragen haben.

In die Schweiz, an den Kaiserhof in Wien, nach Polen und nach Portugal wurden in dieser Zeit nach wie vor nur sporadisch Gesandte entsandt, denen man noch nicht den Status eines ständigen Nuntius zusprechen kann. So blieb es das Verdienst des Medici-Papstes Leo X. (1513–1521), in Anlehnung an das ihm bestens bekannte Gesandtenwesen der Florentiner Signorie, die Einführung der ständigen päpstlichen Nuntiaturen am Kaiserhof (1514), in Portugal (1513) und am Königshof in Neapel (1518) betrieben und dem Nuntiaturwesen seine grundlegende Struktur verliehen zu haben. Die Institutionalisierung der Nuntiatur am Kaiserhof, welche fortan das Zentrum der päpstlichen Diplomatie in Mitteleuropa bildete, entsprang den habsburgischen Interessen für eine mitteleuropäische Einigung im Kampf gegen die Türken.

Es gab zwecks Errichtung der ständigen Nuntiaturen keinen formalen Gründungsakt (erst 1560 ist ein solcher für

Savoyen belegt); vielmehr erkannte Leo X. schlicht die Notwendigkeit, ständige Vertreter zu berufen. Dazu erhielten die Nuntien geeignete Vollmachten (Fakultäten), die weder inhaltlich noch zeitlich begrenzt waren. Ein Nuntius wurde nicht eher abberufen, als bis ein Nachfolger für ihn bestimmt worden war. Begünstigt wurde die Entstehung des ständigen Gesandtschaftswesens in Italien, an den Höfen in Neapel und Venedig durch deren rege Handelsbeziehungen mit dem Kirchenstaat. Schließlich war es jedoch der gemeinsame Abwehrkampf gegen die Türken, der zwecks koordinierten Vorgehens einen ständigen diplomatischen Austausch zwischen den Mittelmeermächten und der päpstlichen Kurie notwendig machte.

Mönchsgezänk in Deutschland

Es ist bemerkenswert, dass ausgerechnet Leo X. sich um den Ausbau der Nuntiaturen so verdient gemacht hat, dessen erschreckende Sorglosigkeit, unverantwortlicher Leichtsinn und verschwenderische Vergnügungssucht der Sitte und Moral an der päpstlichen Kurie vielleicht mehr geschadet haben als die Zügellosigkeit eines Papstes Alexander VI. (1492–1508). Nicht zuletzt Leos Verhalten veranlasste in Deutschland Martin Luther (1483–1546), seine 95 Thesen im Jahre 1517 zu veröffentlichen. Es war der Auftakt zu jener innerkirchlichen Auseinandersetzungen, die als Reformation in die Geschichte einging.

Der scheinbare Widerspruch löst sich auf: Seit dem Mittelalter betrieben gerade jene Päpste die juristische und verwaltungstechnische Aufwertung und Sicherung ihrer Diplomaten, denen die Betonung ihrer weltlichen Macht besonders am Herzen lag.

Leo X. setzte die berühmt gewordenen Legaten Lorenzo Campeggio (1474–1539) oder den Dominikanerpater Thomas Cajetan (1469–1534) in Deutschland ein, um gegen Martin Luther vorzugehen.

Die Reformation in Deutschland erforderte verschiedene besondere diplomatische Aktionen des Heiligen Stuhls. Noch auf dem Fünften Laterankonzil im Frühjahr 1517 wurde der von Martin Luther forcierte Ablassstreit in Deutschland als „Mönchsgezänk“ abgetan. Doch nachdem ein Jahr später Leo X. erstmals genaue Kenntnisse von den 95 Thesen Luthers erhielt, eröffnete er einen Ketzerprozess, mit dem der er seine Auditoren Geronimo Ghinucci (1480–1541), später Bischof von Worcester, und den Dominikaner Silvester Mazzolini gen. Prierias (1456–1523) beauftragte. Auf Wunsch Luthers und auf Vermittlung von Friedrich III., Kurfürst von Sachsen (1486–1525), wurde der Prozess nicht an der päpstlichen Kurie geführt, sondern Thomasio Cajetan von Papst Leo X. beauftragt, Luther zum Widerruf zu bewegen.

- Am 12. und 13. Oktober 1518 kamen Cajetan und Luther in Augsburg zusammen. Luther sollte seine Irrtümer widerrufen, diese nicht mehr lehren und sich aller Umtriebe gegen die Kirche enthalten.

  Als Luther nicht widerrief, ließ sich Cajetan zu dem Ausspruch hinreißen: „Geh und komme mir nicht wieder unter die Augen, wenn du nicht widerrufen willst.“ Damit war Cajetans Auftrag erfolglos beendet.
- Am 4. Januar 1519 kam der päpstliche Kammerherr Karl von Miltitz (ca. 1490–1529) mit Martin Luther in Altenburg zusammen. Miltitz hatte vom Papst den Auftrag, Luther einen Widerruf seiner Lehren abzuringen sowie Friedrich III. von Sachsen mit der Goldenen Rose auszuzeichnen. Hinter der Auszeichnung verbarg sich jedoch mehr das Prinzip Hoffnung als tatsächlicher Verdienst. Rom versprach sich ein härteres Durchgreifen des Kurfürsten. Statt zu widerrufen, bekräftigte Luther seine Kritik am Ablasswesen, bat um ein Schiedsurteil durch den Erzbischof von Salzburg und forderte die Einberufung eines Konzils.

- Nach der Leipziger Disputation im Juli 1519 zwischen dem Ingolstädter Theologieprofessor Johannes Eck (Egg) (1486–1543) und Martin Luther erließ Leo X. die Bannandrohungsbulle „Exurge Domine“ vom 15. Juni 1520. Er ernannte Eck zum päpstlichen Gesandten, um die Bulle in Deutschland zu veröffentlichen. Doch weigerten sich zahlreiche Fakultäten, die Bulle zu veröffentlichen. Nuntius Hieronymus Aleander (1480–1542) formulierte daraufhin, der Papst habe in Deutschland sehr wenige Freunde – neun Zehntel riefen „Luther!“ Der gleiche Aleander räumte jedoch auch ein: „Deutschland ist ganz voll von Grammatikern und Poeten, welche glauben, nur dann als Gelehrte, besonders im Griechischen zu gelten wenn sie erklärten, dass sie von dem allgemeinen Wege der Kirche abweichen.“ Sogar das gelehrte Deutschland gab sich offensichtlich dem Zeitgeist hin. Die Verbrennung seiner Bücher beantwortete Luther mit der feierlichen Verbrennung der Bannandrohungsbulle am 10. Dezember 1520 in Wittenberg, wo er aussprach: „Weil du die Wahrheit Gottes verstört hast, vernichte dich das ewige Feuer“. Die päpstliche Bulle hatte das Gegenteil von dem bewirkt, was bezweckt war. Nun schrieb Nuntius Aleander: „Es wird hier gar nichts anderes verkauft als Lutherschriften“.

  Die letzte Tätigkeit des Papstes im Kampf gegen Luther war die Ausfertigung der Bannbulle „Decet Romanum pontificem“ vom 3. Januar 1521. Damit war der römische Ketzerprozess gegen Luther abgeschlossen und weiteres diplomatisches Vorgehen seitens des Heiligen Stuhls nicht mehr opportun.

Kaiserwahl 1519

Neben den Ereignissen um den Reformator Martin Luther zog vor allem die Kaiserwahl von 1519 das besondere Interesse der Weltöffentlichkeit und der Höfe an sich. Die

Kaiserwahl war für den Heiligen Stuhl immer schon von besonderer Bedeutung. Nun kam hinzu, dass seit Friedrich III. (1415–1493, 1440 König, 1452 Kaiser) kein Kaiser des Heiligen Römischen Reiches mehr vor dem Papst in St. Peter niedergekniet war, um sich zum Kaiser salben und krönen zu lassen.

Maximilian I. von Habsburg (1459–1519, 1486 König, 1508 Kaiser) hatte es versäumt, einen Nachfolger zu bestellen. Nach seinem Tode zeigten sich auch die deutschen Nachbarn an der Kaiserkrone interessiert. Maximilians Enkel Karl (seit 1519 Kaiser), Franz I. (1494–1547, 1515 König von Frankreich), Heinrich VIII. (1491–1547, 1509 König von England) und Friedrich der Weise von Sachsen waren Anwärter.

Das Interesse der päpstlichen Kurie an der Kaiserwahl bestand darin, dass der Kaiser ja zugleich auch König in Italien war. Leo war in seiner Personalentscheidung hin und her gerissen. Eigentlich fürchtete er mit Karl die Rückkehr staufischer Verhältnisse. An Franz wiederum war ihm nicht gelegen, weil er kein französisches Kaisertum in Mailand begründen wollte.

Nach einigem Abwägen unterstützte Leo schließlich dennoch die Kandidatur Franz' I., wohlwissend, dass die Kaiserkrone auf dem Haupte eines mächtigen Fürsten für Papsttum und Kirchenstaat gefährlich werden könnte. An den Verhandlungen zur Kaiserwahl 1519 waren die besten Diplomaten Leos X. beteiligt, darunter der bereits genannte Thomas Cajetan, Lorenzo Campeggio (1474–1539) und Marino Ascanio Caracciolo (1468–1538).

Heinrich VIII. von England – Verteidiger des Glaubens

1521 verfasste der theologisch gebildete Heinrich VIII. von England, der sich 1519 um die Kaiserkrone beworben hatte, die Schrift „Assertio septem sacramentorum“, in der er gegen Martin Luther die Sakramentenlehre verteidigte.

Dafür zeichnete Leo X. ihn als „Verteidiger des Glaubens" („defensor fidei") aus.

Schon wenige Jahre später wollte sich Heinrich VIII. von seiner Frau Katharina von Aragón (1485–1536) scheiden lassen. Die Entsendung des päpstlichen Legaten Lorenzo Campeggio im Jahre 1528, der schon im Streit mit Martin Luther dem Heiligen Stuhl gedient hatte, scheiterte an der Art der Prozessführung. Weswegen Papst Clemens VII. (1523–1534) den Prozess nach Rom verlegte und nun Heinrich einen Gesandten dorthin abordnete. Dieser hatte aber keine Vollmachten zur Verhandlungsführung, sondern legte nur den Protest des Königs ein.

Zur gleichen Zeit aber führte Heinrich Anna Boleyn (1501/07–1536) als neue Königin am Hofe ein und ergriff in England antipäpstliche Maßnahmen; u. a. schaffte er die Annatenzahlungen ab, die bei der Neubesetzung einer kirchlichen Pfründe an Rom gezahlt wurden; diese Annaten waren die wichtigsten Einnahmen der päpstlichen Kurie.

Sein Lordkanzler Thomas Cromwell (um 1485–1540) und der Erzbischof von Canterbury, Thomas Cranmer (1489–1556), wurden von Heinrich beauftragt, seine Ehe mit Katharina nun endlich, unter dem Vorwand der kirchenrechtlich-theologischen Korrektheit, scheiden zu lassen. Am 23. Mai 1533 wurde ohne Zustimmung des Papstes durch ein Scheidungsgericht die Ehe mit Katharina von Aragón für ungültig erklärt. Heinrich VIII. erhielt von Papst Clemens VII. 1533 die Bannbulle. Der Bruch mit der römisch-katholischen Kirche und die Errichtung der anglikanischen Staatskirche nahmen nun ihren Lauf. Kirchlich hatte sich England allerdings schon seit dem 14. Jahrhundert vom Papsttum gelöst.

Kein Protestantismus in Polen

In Deutschland versprachen sich Kaiser und Reich von den Nuntien, dass sie als Integrationsfiguren des Reiches dienen würden, wenn ihnen die Erhaltung der Einheit des Glaubens gelänge. Diese Erwartung haben die Nuntien nicht erfüllen können. Erfolgreicher waren sie im Königreich Polen und im Großfürstentum Litauen, wohin der Papst seit 1519 sporadisch Nuntien entsandte, um einen möglichen Einfluss seitens der Protestanten von vornherein zu unterbinden. Mit Erfolg drängten in Polen die ersten päpstlichen Gesandten König Sigismund I. (1507–1548) dazu, gegen die protestantische Bewegung am 7. März 1523 ein Edikt zu erlassen.

Unionsbemühungen mit der russisch-orthodoxen Kirche in Polen

Die Errichtung einer polnischen Nuntiatur begünstigte das päpstliche Interesse an einer Union mit der russisch-orthodoxen Kirche. Ihr Hauptsitz in Moskau wurde nicht ohne Grund nach Byzanz als „Drittes Rom" bezeichnet. Seit Anfang des 16. Jahrhunderts stand die russische Orthodoxie in ständiger Auseinandersetzung mit Polen.

Daneben wurde die Beilegung des Konfliktes zwischen dem Königreich und dem Deutschordensstaat zur weiteren Aufgabe der ersten polnischen Nuntien. Der Deutschordensstaat wurde schließlich 1525 säkularisiert.

Nachdem die Bemühungen um die Gründung einer ständigen Nuntiatur in Polen im Jahre 1549 scheiterten, wurde erst nach der drohenden Staatskrise, hervorgerufen vom polnischen Adel und vom Anwachsen des protestantischen Einflusses während der Regierung von König Sigismund II. (1548–1572), mit Luigi Lippomano (1496–1559) im Jahre 1555 ein ständiger Nuntius nach Polen berufen.

Lippomano und seine Nachfolger im 16. Jahrhundert spielten in Polen eine größere Rolle als manche Nuntien in anderen europäischen Ländern. Sie leiteten den romtreuen polnischen Episkopat bei der Bekämpfung der Irrlehren, der Durchführung von katholischen Reformen und bei der geistigen Erneuerung des Klerus.

Nuntiaturen I. und II. Klasse

Wenige Jahre nach der Einrichtung der polnischen Nuntiatur kam es 1560 auf der italienischen Halbinsel zur Begründung von Nuntiaturen beim König von Savoyen in Turin und im gleichen Jahr am Hofe der Medici in Florenz. Damit waren die beiden Nuntiaturtypen der frühen Neuzeit herausgebildet, die fortan in Nuntiaturen I. und II. Klasse eingeteilt oder auch als kleinere und größere Nuntiaturen unterschieden wurden.

Dabei waren es nicht einmal die Aufgaben der Nuntiaturen oder die Anzahl des Personals und der Mitarbeiter an einer Nuntiatur, die zu dieser Unterscheidung geführt haben, sondern vor allem die Bemessung der von der Apostolischen Kammer gezahlten Aufwandsentschädigung für die Nuntien. So war das Leben an den Königshöfen in Wien oder Paris schlichtweg erheblich teurer. Die kleineren Nuntiaturen behandelten hingegen weniger politische Fragen, sondern eher vielfältige Probleme innerkirchlicher, kirchenorganisatorischer und kirchenrechtlicher, disziplinärer, pastoraler und theologisch-dogmatischer Provenienz.

Karrieren der Nuntien

Sinnfällig bekam die Rangordnung der Nuntiaturen ihren Ausdruck in den Karrieren der Nuntien, die, beginnend bei einer der vier Nuntiaturen auf der italienischen Halbinsel, auf eine Nuntiatur zweiter Rangordnung wie Lissabon oder Polen (später auch Köln und Luzern) gesandt wurden. Hatte sich ein Nuntius noch auf einer weiteren Nuntiatur zweiter Klasse bewährt, konnte er auf eine der großen Nuntiaturen nach Wien oder Madrid wechseln.

Die Pariser Nuntiatur kam nicht in Frage; sie nahm eine Sonderstellung ein, weil ihre Amtsinhaber frankophil sein mussten. Auch schien es unmöglich, einen erfahrenen Kölner, Madrider oder Wiener Nuntius später nach Paris zu entsenden – er wäre als politisch Verdächtiger am französischen Königshof isoliert worden und hätte seinen Auftrag nie erfüllen können. So waren die Pariser Nuntien vorher meistens nur in Venedig, Turin, Neapel oder Florenz als Nuntien tätig und erhielten nach ihrer Mission in Frankreich nicht selten die Kardinalswürde verliehen oder wurden Legaten im Kirchenstaat.

Glaubensstreit

Während des Pontifikats von Papst Paul III. (1534–1549) etablierte sich das Institut der „ständigen Nuntiaturen" in Europa. Seit dieser Zeit war die Bezeichnung Nuntius, die zuvor auch auf die Gesandten weltlicher Mächte Anwendung fand, den päpstlichen Diplomaten vorbehalten.

Besonders in der Reichskirche sollten sich die päpstlichen Nuntien seit der Einführung der Reformation im Kampf um die Einheit des Glaubens bewähren. Für die letzten Endes gescheiterten päpstlichen Verhandlungen mit Martin Luther und in der Folge mit dem Protestanten auf den Reichstagen können jedoch nicht allein die zahlreichen, zum Teil herausragenden Nuntien verantwortlich gemacht werden.

Die Reformation war vielmehr am Beginn eines Säkularisierungsprozesses gegen die Kirche, der vom Subjektivismus, beginnenden Nationalismus und dem Laizismus in der deutschen Kirche begünstigt wurde. Dogmatische Unklarheiten, die Vernachlässigung der sakramentalen Funktionen, das sittliche Versagen des nach Pfründen jagenden niederen und höheren Klerus etc. trugen das Ihre bei. Es bedurfte grundlegender innerkirchlicher Reformen.

Türkengefahr

Daneben war die sogenannte Türkengefahr das zweite Hauptproblem dieser Zeit in Mitteleuropa. Am 29. Mai 1453 war Konstantinopel von Sultan Mohammed II. (1432–1481) erobert worden. Die Hagia Sophia wurde entweiht, das Byzantinische Reich war untergegangen, „eins der beiden Augen der Christenheit war ausgerissen“, wie der polnische Humanist Jan Dlugosz (1415–1480) schrieb. Sowohl Papst Nikolaus V. (1447–1455) als auch Papst Calixt III. (1455–1458) unterstützten den verzweifelten Abwehrkampf gegen die Türken. Calixt verkaufte zahlreiche vatikanische Kunstwerke, um diesen Krieg zu finanzieren und die gefangenen Christen zu befreien. Zwecks Rückeroberung Konstantinopels rief er einen Kreuzzug aus. Doch Venedig schloss 1454 mit dem Sultan einen Sonderfrieden, um seine Besitzungen im Osten des Mittelmeeres und den Handel in der Levante zu sichern. Nach der Eroberung Konstantinopels belagerte Mohammed II. Belgrad. Das ungarische Heer konnte mit Hilfe der Kreuzfahrer die Türken besiegen und am 22. Juli 1456 die Stadt Belgrad befreien.

Seit den 1470er Jahren waren die Türken wiederholt auch in die Krain, in die Steiermark und Kärnten eingefallen. Das bedeutete für zahlreiche Menschen den Tod oder die Sklaverei; 1578 wurde Innerösterreich die Sicherung der Türkengrenze von der Adria bis nach Ungarn übertragen und eigens ein Hofkriegsrat in Graz eingerichtet. Schon 1553 sandte die päpstliche Kurie einen Nuntius nach Graz, der auf dem dortigen Landtag die Pläne zur Verteidigung der Türkengrenze begleitete. 1580 schließlich wurde die Grazer Nuntiatur errichtet.

Gemeinsam mit der Nuntiatur in Venedig und der am Kaiserhof wurden in Graz finanzielle, diplomatische und religiöse Maßnahmen gegen die Türken koordiniert; der Kampf gegen die Türken wurde von den Päpsten schließlich als Anliegen der gesamten Christenheit betrieben.

Übersicht:
Die Nuntiaturen des 16. bis 18. Jahrhunderts

Vom 16. bis Ende des 18. Jahrhunderts bestanden elf ständige päpstliche Nuntiaturen in Europa. Zwei weitere Nuntiaturen, die 1583 beendete Süddeutsche und die 1620 aufgegebene Grazer Nuntiatur sind nicht mitgezählt worden. Auch die erst 1785 errichtete Münchener Nuntiatur, über die weiter unten noch berichtet wird, bleibt bei dieser Zählung unberücksichtigt.

Errichtung	Nuntiatur
1500	Venedig
1504	Madrid
1509	Paris
1513	Lissabon
1514	Kaiserhof (Prag oder Wien)
1523	Neapel
1555	Polen (an wechselnden Orten, u. a.: Warschau, Krakau, später auch Dresden)
1560	Turin
1560	Florenz
1573–1583	Süddeutsche Nuntiatur (an wechselnden Orten in Bayern und Österreich)
1580–1620	Graz
1584	Köln
1586	Luzern
1594	Brüssel

Rom auf dem Weg der Erneuerung

Die Reformation in Deutschland war an der römischen Kurie nicht folgenlos geblieben. Allein der Einsatz von Nuntien reichte nicht aus, die Kirche grundlegend zu erneuern. Die Einberufung eines Konzils und die Gründung neuer hoffnungsvoller Orden leiteten die Epoche der Gegenreformation ein.

Jesuiten

1540 genehmigte Papst Paul III. die von Ignatius von Loyola (1491–1556) gegründete „Gesellschaft Jesu“, den Jesuitenorden. Der Orden konzentrierte seine Arbeit auf die Errichtung von Schulen und Universitäten. Er stand symbolisch für katholische Moderne, weil die gelehrten Patres es verstanden, naturwissenschaftliche Erkenntnisse mit römischer Theologie zu vereinbaren. Die Gesellschaft Jesu war der erfolgreichste katholische Orden der frühen Neuzeit, denn die Jesuiten erlangten wachsenden Einfluss an den katholischen Herrscherhöfen Europas und eben auch am Hof der Päpste. Dabei ließen die Ordensmitglieder ihr Ziel, das in dem Ausspruch „ad maiorem Dei gloriam“ (zur höheren Ehre Gottes) gipfelte, nie aus dem Blick. Nicht ohne Grund stellte schon 1581 Papst Gregor XIII. (1572–1585) fest:

> „Es gibt derzeit nicht ein einziges Instrumentarium, welches von Gott zur Bekämpfung der Ketzer geschaffen, das größer wäre als Euer heiliger Orden.“

Das Konzil von Trient

Schon Martin Luther rief nach einem Konzil, dem er sich stellen wollte. Erst kurz vor seinem Tode kam es zur Einberufung des Trienter Konzils, nachdem der Reformsinn und -wille schon längst eine Angelegenheit des Heiligen Stuhls geworden waren. Verschiedene Päpste hielten die Einberufung eines Konzils für notwendig. Konkrete Pläne scheiterten an ihrer Umsetzung, weil Frankreich und dann auch England derartige Vorhaben unterminierten. Endlich wurde am 13. Dezember 1545 in Trient das Konzil (1545–1563) eröffnet. Von Beginn an nahmen gleich drei päpstliche Konzilslegaten teil:

- Giovanni Maria Ciocchi del Monte (1487–1555). Er war maßgeblich an den Vorbereitungen des Konzils von Trient beteiligt und wurde dessen erster Vorsitzender. 1550 wurde er zum Papst gewählt und nahm den Namen Julius III. an.
- Marcello Cervini (1501–1555). Cervini wurde 1551 von Julius III. zum Konzilslegaten ernannt. Nach Julius' Tod wurde Marcello zum Papst gewählt und nahm den Papstnamen Marcellus II. an. Schon 22 Tage nach seiner Wahl starb Marcellus.
- Reginald Pole (1500–1558). Er war der letzte römisch-katholische Erzbischof von Canterbury (1556–1558). Im Konklave von 1549/50 fehlten ihm in einem der ersten Wahlgänge nur vier Stimmen für die zur Papstwahl erforderliche Zweidrittelmehrheit. Er hatte die Geschicke auf dem Trienter Konzil seit 1555 alleine bestimmt.

Die Teilnehmer des Ökumenischen Konzils zu Trient (1545–1563) hatten sich drei Ziele gesetzt:

- ein theologisches Gegengewicht zur Lehre der Reformation in Deutschland;
- eine allgemeine Reform der Kirche;
- die Befreiung der Christen von der Unterdrückung durch die Ungläubigen (Muslime).

Es war vor allem Aufgabe des Konzils, die katholische Glaubenslehre den Lehren der Reformation entgegenzustellen. In Konfrontation und Abgrenzung zu den protestantischen Lehren und zur Festlegung einer katholischen Identität wurden zum Teil erstmals traditionelle katholische Lehren ausformuliert, darunter zum Beispiel die Rechtfertigungslehre.

Es war unvermeidlich, dass für die Durchführung und Umsetzung der Konzilsbeschlüsse das inzwischen fast seit 60 Jahren bestehende und bewährte Institut der „ständigen Nuntiaturen" einbezogen wurde.

Dennoch erwähnten die Trienter Konzilsbeschlüsse die päpstlichen Legaten und Nuntien namentlich nur im Zusammenhang mit der geistlichen Gerichtsbarkeit. Dort hieß es (Sess. XXIV, c. 20 de ref.), dass die erste gerichtliche Instanz in Kirchenfragen bei den Ortsbischöfen liegt; ferner wurde gesagt:

> „Ebenso sollen die [päpstlichen] Legaten – auch die „legati a latere" –, die Nuntien, die kirchlichen Verwalter („gubernatores") oder andere kraft ihrer wie auch immer zugesprochenen Vollmachten (Fakultäten), nicht nur die Bischöfe in den zuvor genannten Rechtsstreitigkeiten nicht hindern und ihnen auch in keiner Weise deren Gerichtsbarkeit (Jurisdiktion) entziehen oder stören; vielmehr dürfen sie [= die Legaten etc.] auch gegen Geistliche oder andere kirchliche Personen nur einschreiten, wenn der Bischof zuvor darum angegangen war und nachlässig blieb."

Bemerkenswert ist, dass schon das Trienter Konzil einen auch für die Zukunft zentralen Punkt behandelte, nämlich das Nebeneinander und damit konkurrierende Jurisdiktionsrecht von Ortsbischöfen und päpstlichen Nuntien, die eben nicht wie in den Jahrhunderten zuvor nur sporadisch im Lande waren, sondern in der Regel an einem festen Ort residierend permanent im Lande blieben und bei ihrer Abreise umgehend durch einen Nachfolger ersetzt wurden. Bei dauerhafter Anwesenheit eines Nuntius drohte der bischöflichen Jurisdiktion eine Einschränkung. Auch wenn das Konzil die Nuntien nicht häufiger erwähnte, war allen bewusst, dass ohne die Einbeziehung der päpstlichen Nuntien die Reform der Kirche nicht gelingen würde.

Die „Reformnuntiaturen“ unter Gregor XIII. und Sixtus V.

Die Kölner und Schweizer Nuntiatur

Zur Verbreitung und Durchführung der Trienter Konzilsbeschlüsse reichten die bisher bestehenden Nuntiaturen an den Königshöfen jedoch nicht aus. Deswegen richteten die Päpste Gregor XIII. (1572–1585) und Sixtus V. (1585–1590) im Jahre 1584 die ständige Nuntiatur in Köln mit Nuntius Francesco Bonomi (1536–1587) und 1586 für die katholisch gebliebenen Kantone in der Schweiz mit Nuntius Giovanni Battista Santonio (1529–1592) in Luzern ein.

Auffallende Parallelen in der Gründungsgeschichte sind ein Hinweis auf das innerkirchliche Konzept dieser neuen Generation von sogenannten „Reformnuntiaturen“. In der Schweiz wie auch in Köln hielten sich schon vor der eigentlichen Errichtung der Nuntiaturen einzelne Gesandte auf, deren Aufträge allerdings temporär begrenzt waren, so dass zu dieser Zeit noch nicht von „ständigen“ Nuntiaturen gesprochen werden kann. Die innerkirchliche Situation förderte jedoch die Entschlossenheit der römischen Kurie, ständige Nuntien nach Luzern und Köln zu entsenden. In der jeweils größten Diözese ihres Nuntiatursprengels gab es nämlich Veranlassung, an dem Reformeifer und der rechten Glaubenshaltung des jeweiligen Bischofs zu zweifeln, weshalb ein ständiger Nuntius vor Ort die kirchlichen Angelegenheiten im Sinne der Kurie kontinuierlich beobachten und gegebenenfalls eingreifen sollte. Zugleich diente er als ständiger Vertreter darüber hinausgehender päpstlicher Interessen.

Im Einzugsbereich der Schweizer Nuntiatur lag das Bistum Konstanz, dessen Bischof Mark Sittich Kardinal von Hohenems (1561–1589) seiner Aufgabe als Bischof nur ungenügend nachkam, das Bistum vernachlässigte und schließlich Resignationsabsichten bekundete. Nuntius Santonio fand somit bei seiner Berufung 1586 ein Betätigungsfeld vor, das ihm und seinen Nachfolgern ermöglichte, geistliche Jurisdiktionsrechte umfassend auszuüben, ohne in ein Konkurrenzverhältnis zu den kirchlich oft untätigen Bischöfen zu treten. Erst seit Anfang des 18. Jahrhunderts, als starke Persönlichkeiten das Konstanzer Bistum leiteten, wurde den Nuntien von diesen die Ausübung päpstlicher Jurisdiktion streitig gemacht.

Die ständige Nuntiatur in Köln wurde erst errichtet, nachdem der Apostat Gebhard Truchseß von Waldburg (1577–1583) als Erzbischof von Köln abgesetzt und mit Hilfe der römischen Kurie Ernst von Bayern (1583–1612) zum Nachfolger gewählt worden war. Durch die Gründung der Nuntiatur sollte aus römisch-kurialer Sicht die kirchliche Situation im Kurfürstentum stabilisiert werden. Dieses war zuvor knapp der Protestantisierung entgangen. Damit waren die Mehrheitsverhältnisse im Kurfürstenkollegium erhalten geblieben, denn bei protestantischer Mehrheit wäre die Wahl eines protestantischen Kaisers wahrscheinlich geworden und hätte somit verheerende Folgen für Kirche und Reich mit sich gebracht. Die Kölner Nuntien haben unter dem leicht beeinflussbaren Ernst von Bayern und dessen Koadjutor und Nachfolger Ferdinand von Bayern (seit 1596) trotz anfänglicher Konflikte als Vorsitzende des Kölner Kirchenrates von 1601 bis 1606 Hervorragendes bei der Rekatholisierung geleistet. Die Erfolge dieses obersten geistlichen Leitungsgremiums der Erzdiözese waren wesentlich von der Mitarbeit des durch die päpstliche Autorität gestärkten Nuntius begünstigt worden, wie umgekehrt konkrete Resultate des Nuntius ohne Unterstützung des Fürstbischofs kaum denkbar gewesen wären. Die Wirksamkeit des Nuntius wurde durch seine Mitarbeit im Kirchenrat auch für die Leitung der Erzdiözese transparent, was die Voraussetzung für ein gutes Verhältnis zwischen Erzbischof und Nuntius schuf.

Nuntiaturen in Graz und Brüssel

Im ausgehenden 16. Jahrhundert wurden in Graz (1580–1622) und in Brüssel (1596) weitere Reformnuntiaturen unterhalten. Sie sind, anders als die Nuntiaturen in Luzern und Köln, an weltlichen Fürstenhöfen begründet worden, weshalb ihr Reformcharakter zunächst nicht so klar zum Vorschein kommt. In Graz residierten die Erzherzöge von Innerösterreich, Karl (1564–1590), Ernst (1590–1595) und Ferdinand von Steiermark (1595–1637). Erst nachdem Ferdinand als römischer Kaiser (1619–1637) seine Residenzstadt Graz verließ, war diese für die Kurie als Sitz einer Nuntiatur uninteressant geworden.

Die Gründung der ständigen Nuntiatur in Brüssel bot sich an, als Kardinal Albert von Österreich 1596 bis 1621 Gouverneur von Brabant (dem späteren Belgien) wurde. Die Kurie beauftragte den erfahrenen Kölner Nuntius Frangipani mit dieser Aufgabe, die er erfolgreich meisterte.

Kennzeichen einer Reformnuntiatur

Der aus der Forschung der letzten Jahrzehnte stammende, also nicht zeitgenössische Begriff „Reformnuntiatur“ deutet an, dass innerkirchliche Aufgaben das Alltagsgeschehen der Nuntiatur bestimmt haben. Tatsächlich unterschied sich die Arbeit der ersten Nuntien wesentlich von der ihrer Vorgänger des Mittelalters. Waren die päpstlichen Gesandten des Mittelalters zu politischen Anlässen wie Reichstagen, Bischofswahlen, Königswahlen etc. eigens eingesetzt und nur kurzfristig mit meist sehr weitreichenden Fakultäten ausgestattet gewesen, so hatte sich der Typus der frühneuzeitlichen Nuntiatur nach dem Trienter Konzil fort von den Aufgaben einer diplomatischen Einrichtung und hin zu einer päpstlichen Behörde, freilich im Ausland, mit umfassenden Reform- und Jurisdiktionsvollmachten entwickelt. Da die seit Gregor XIII. in Europa bestehenden 13

Nuntiaturen permanent päpstliche Reservatrechte ausübten, mussten sie im Prozessbereich sowie bei der Erteilung von Gnadenakten und Pfründenvergabe neuartige Verwaltungsformen und eine neue Klientel finden.

Obwohl als erste Zielsetzung und Anlass zur Gründung der Reformnuntiaturen im deutschsprachigen Raum innerkirchliche Aufgaben bestimmend waren, kann doch wegen der engen Verwobenheit von Kirche und Reich nicht streng zwischen innerkirchlichen und politischen Aufgaben eines Nuntius unterschieden werden. Wegen des reichsrechtlichen Status der deutschen Fürstbischöfe waren zum Beispiel bei Unterstützung der Kandidatur eines katholischen Fürsten auf einen Bischofsstuhl für den Nuntius politische und innerkirchliche Interessen verbunden. Mit der Durchführung der Trienter Konzilsbeschlüsse war die Reform reichskirchlicher Strukturen, die Erneuerung katholischen Lebens und die Rückgewinnung ehemaliger katholischer Diözesen in protestantischen Gebieten miteinander verknüpft. Während weltliche Mächte ihre Ziele durch politischen oder militärischen Druck zu erreichen suchten, mussten die Nuntien mit geschicktem Verhandeln eine Einigung auf diplomatischem Wege anstreben. Idealerweise sollten Kompromisse nicht eingegangen werden, wenn theologische Wahrheiten auf dem Spiel standen.

In den ersten Jahrzehnten des 17. Jahrhunderts hatte der Reformauftrag der Nuntien zugunsten der Wahrung der päpstlichen Autorität und Jurisdiktion an Bedeutung verloren. Um Konflikte zu vermeiden, wurde zum Beispiel an der Kölner Nuntiatur darauf verzichtet, in umfangreichem Maße Restitutionen der in protestantische Hände gefallenen Pfründen, Klöster und Bistümer vornehmen zu lassen. Statt dessen nahmen in der Korrespondenz mit Rom Politik und Kriegsereignisse großen Raum ein. Der Dreißigjährige Krieg (1618–1648) hat schließlich – aus römischer Sicht – die anfänglichen Erfolge der päpstlichen Nuntien in weiten Teilen Deutschlands wieder zunichte gemacht.

Weniger Legaten, mehr Nuntien

Immer stärker bedienten sich die Päpste auch für politisch-diplomatische Angelegenheiten ihrer Reformnuntiaturen. Deren Errichtung drängte das seit Jahrhunderten bewährte päpstliche Legatenwesen stark zurück.

Für die Kardinäle war das durchaus vorteilhaft. Es scheint, dass viele Kardinäle Interesse daran hatten, in Rom zu bleiben, statt sich auf eine unbequeme Legation, und das gar in die nördlichen Gefilde, zu begeben. Nirgendwo besser als am päpstlichen Hof konnte sich ein Kardinal für seine eigenen Belange einsetzen und seine Machtposition ausbauen. War er unliebsam, lästig und zu mächtig geworden, konnte ihn ein Papst mit einer Legation beauftragen und wegschikken. Was als eine großartige päpstliche Legation ausgegeben wurde, konnte auch eine Strafexpedition zwecks Disziplinierung sein.

Andererseits gab es für Kardinäle seltener die Gelegenheit, sich mit einer Sonderlegation zu profilieren, weil an den ständigen Nuntiaturen der Diplomatiebetrieb in professionellen Händen war.

Staatenbildung, Bürokratie und Diplomatie

Kurienreform Papst Sixtus' V. 1588

Nach Herausbildung der kleineren „Reformnuntiaturen" – Nuntiaturen zweiter Klasse – in den Jahren zwischen 1560 und 1585 waren die Entwicklung sowie die Anzahl der europäischen Nuntiaturen bis zum Ende des 18. Jahrhunderts nahezu unverändert geblieben. Jetzt konnte die interne und verwaltungstechnische Ausgestaltung der Nuntiaturen erfolgen. Sie geschah in Anlehnung an die Herausbildung des päpstlichen Verwaltungsapparates und hier insbesondere in Anlehnung an das päpstliche Staatssekretariat.

Sixtus V. gestaltete mit seiner Kurienreform 1588 nachhaltig das äußere Erscheinungsbild des päpstlichen Hofes. Er wies den 15 Kongregationen und übrigen Behörden genaue Aufgabenfelder zu. Damit begründete er zugleich zum Teil bis heute im Vatikan gültige Arbeitsabläufe und Verwaltungseinheiten und -gremien.

Seine Nuntiaturen unterstellte Sixtus V. nicht, wie hätte vermutet werden können, der Kongregation für die Ausführung und Interpretation des Trienter Konzils – das hätte zu einer Engführung der Aufgaben der Nuntien geführt. Auch andere Kongregationen oder päpstliche Sekretariate kamen für die Nuntiaturen nicht in Frage. Da sie nach gültigem Kirchenrecht als Stellvertreter des Papstes agierten, war für sie in Rom neben dem Papstnepoten später vor allem der päpstliche Staatssekretär zuständig.

Das päpstliche Staatssekretariat

Die Stellung des Papstnepoten war keine verfassungsmäßig institutionalisierte Einrichtung im Rahmen der Kurienverwaltung. Der Papstnepot war durch seine verwandtschaftliche Beziehung zum Papst besonders begünstigt an der Kurie. Er hatte aber naturgemäß eher Klientelpolitik betrieben und sich um die Angelegenheit der Papstfamilie gekümmert, als um die Politik des Heiligen Stuhls. Nicht selten hatte der Nepot den kurialen Schriftverkehr und Geschäftsgang an sich gebunden, um ihn zu kontrollieren, und wurde so vielfach die „eigentliche geistige Triebfeder der päpstlichen Politik" (Ludwig von Pastor).

Von allen Kardinalnepoten kann nur wenigen nachgesagt werden, dass sie ihre Tätigkeit als eine politische Aufgabe zum Wohle des Kirchenstaates wahrgenommen hätten. Das waren insbesondere:

- Carlo Borromeo (1538–1584), Neffe von Papst Pius IV. (1559–1565), der vom Amt des Kardinalnepoten zurücktrat, um in Mailand segensreich zu wirken. Er gilt als das nachtridentinische Bischofsideal und wurde 1610 von Papst Paul V. heiliggesprochen.

- Pietro Aldobrandini (1571–1621), Neffe von Papst Clemens VIII. (1592–1605), sowie
- Ludovico Ludovisi (1595–1632), Neffe von Papst Gregor XV. (1621–1623).

Erst seit Papst Paul V. (1605–1621) bekam das päpstliche Staatssekretariat als kuriale Behörde allmählich jene Funktion und Bedeutung, die es bis heute als oberstes Leitungsgremium für die gesamte päpstliche Außenpolitik behalten hat. Dennoch gab es das Amt des Kardinalnepoten an der päpstlichen Kurie bis 1692. Damit waren Formen des Nepotismus an der Kurie freilich nicht überwunden. Noch im 20. Jahrhundert haben die Päpste Leo XIII. (1878–1903) und Pius XII. (1939–1958) Neffen an der Kurie beschäftigt.

Neben der Stellvertreterfunktion des Nuntius, die ihren sichtbaren Ausdruck weiterhin in den Fakultäten fand und die Ausübung kirchlicher Jurisdiktionsrechte beinhaltete, waren die Nuntien selbstverständlich Diplomaten im weltlichen Sinne und darüber hinaus im Gegensatz zu den meisten ihrer mittelalterlichen Vorgänger fast ausnahmslos konsekrierte Bischöfe.

Mit der Ausübung ihrer Fakultäten war für die meisten Nuntien die Ausbildung eines eigenen Gerichtshofes an ihrer Nuntiatur verbunden. Lediglich in Paris hatte die Nuntiatur kein geistliches Appellationsgericht, da dort auf königliche Anweisung die Jurisdiktionsrechte auf die Gnadensachen („facultas gratiosae“) beschränkt worden waren.

Paul V. hatte mit der Aufwertung des päpstlichen Staatssekretariats nicht nur die Staatenwerdung und Bürokratisierung am Heiligen Stuhl vorangetrieben, sondern auch das Amt der Nuntien auf neue Füße gestellt. Waren bis zu seiner Zeit die meisten Nuntien zugleich Bischöfe von Bistümern im Kirchenstaat und dadurch dem Papst ohnehin zu besonderer Loyalität verpflichtet, berief Paul V. nun Priester zu ständigen Nuntien, die von der Verpflichtung für ein Bistum entbunden und statt dessen mit der Würde eines Bischofs „in partibus [infidelium]" oder auch Titularbischofs versehen worden waren. Zweierlei war mit derartigen Bischofswürden verbunden. Zum einen hielt der Papst die Ansprüche auf die Titelkirchen aufrecht, die in türkischen Gebieten lagen. Damit war die Apostolische Sukzession in einem faktisch nicht mehr existenten Bistum gesichert. Zum anderen trug Paul V. mit dieser Entscheidung erheblich zur Professionalisierung des Nuntiaturwesens bei, weil seinen Nuntien keinerlei weitere Verpflichtungen auferlegt waren, als ihre Aufgaben an der Nuntiatur gewissenhaft zu erledigen.

Frühneuzeitliche Staatenwerdung und die Entwicklung der modernen Diplomatie gingen so Hand in Hand.

Verwaltung einer päpstlichen Nuntiatur

Die Mitarbeiter der Verwaltung in den europäischen Nuntiaturen lassen sich bereits für das Ende des 16. Jahrhunderts in zwei, später drei Abteilungen (Dikasterien) einteilen:

- Neben den Mitarbeitern, die dem Nuntius persönlich dienten (Sekretär und Kammerdiener, Pagen, Stallknechte etc.), waren es
- das Gerichtspersonal unter dem Vorsitz des Auditors und
- das Kanzleipersonal, dessen Vorsitz der Abbreviator oder Datarius innehatte, das an der Genehmigung und Ausstellung von Gnadengesuchen und der Ausfertigung der gesamten diplomatischen Korrespondenz beteiligt war.

Die Titel Auditor, Abbreviator oder Datar und die einheitliche Verwaltungsstruktur der europäischen Nuntiaturen lassen deutlich die Einflussnahme der Kurie auf die Verwaltungspraktiken der Nuntiaturen erkennen. Auch Einzelheiten wie etwa die Prozessführung, die sich von den Gerichtsverfahren in den jeweiligen Gastländern der Nuntien erheblich unterscheiden konnten, verdeutlichen die strenge Ausrichtung der Nuntiaturen an die Gepflogenheiten der päpstlichen Kurie.

Die für die frühe Neuzeit abschließende Institutionalisierung der Nuntiaturen lässt sich noch an einem weiteren Moment belegen: Wenn ein Nuntius – der bis Ende des 18. Jahrhunderts meisten aus Italien stammte – von einer Nuntiatur zur Übernahme neuer Aufgaben abberufen wurde, war seine bisherige Amtsstelle manchmal verwaist, bis der Nachfolger eintraf. In der Vakanz – und sei es von nur wenigen Tagen – wurde der Auditor, dem das gesamte Gerichtswesen oblag, zum interimistischen Administrator, Internuntius oder Geschäftsträger berufen. Wenn absehbar war, dass er das Vertretungsrecht für längere Zeit ausübte, bekam er von der Kurie meist umfassende Fakultäten sowie eine Aufwandsentschädigung zugesprochen.

Finanzierung der Nuntiaturen

Seit Mitte des 17. Jahrhunderts wurden den Nuntien nicht mehr, wie zuvor üblich, Bistümer des Kirchenstaats übertragen, von deren Erträgen sie ihren Lebensunterhalt bestreiten mussten, sondern Titularbistümer bzw. zumeist Titularerzbistümer. Damit kam die Unterscheidung von Benefizium und Offizium, also von Pfründe und Amt, stärker zur Geltung. Zugleich wurde damit im Bereich des Gesandtschaftswesens auf höchster kirchlicher Ebene die Forderung des Trienter Konzils nach der Residenzpflicht der Bischöfe eingelöst.

Freilich hätte mit dieser Änderung auch die Finanzierung der päpstlichen Gesandten und Nuntien neu geregelt werden müssen. Das wurde jedoch versäumt.

Die Nuntien hatten bis Anfang des 17. Jahrhunderts die Einnahmen aus den suburbanen Diözesen für ihren Unterhalt verwenden können. Jetzt jedoch mussten die Nuntien auf die Mittel ihrer Familien zurückgreifen, da die zur Verfügung gestellte geringe Aufwandsentschädigung der Apostolischen Kammer die hohen Kosten nicht decken konnte.

Andererseits war es schon im Mittelalter üblich, dass die päpstlichen Gesandten von den Ländern bezahlt wurden, in die sie entsandt waren. Mit anderen Worten: Sie hatten Kost und Logis meistens frei und lebten ansonsten in großer Enthaltsamkeit. Vom 16. bis 18. Jahrhundert hatten die Nuntien ihren Aufenthalt aus eigener Tasche bezahlt. Das hieß, dass meistens die Familien des Nuntius diesen unterstützten. Damit war die Hoffnung verbunden, dass der Nuntius in der Kirche Karriere machte, also am besten Kardinal würde.

Die „Spanische Rota" und Subkollektoren

Was oben bereits hinsichtlich ihrer Aufgaben über die päpstlichen Nuntiaturen gesagt worden ist, gilt auch für die spanische Nuntiatur: Ihre Amtsinhaber erwiesen sich durchweg als wertvolle Hilfe bei der Umsetzung der Trienter Reformen. Doch bemerkenswerterweise griffen die Reformbemühungen der Nuntien insbesondere bei den Männer- und Frauenklöstern; bei den spanischen Bischöfen, die aufgrund königlicher Nomination in die Ämter gelangt waren, war kein Interesse zu spüren, sich in umfangreicherem Maße auf die römischen Reformen einzulassen.

Zwei weitere Merkmale unterschied die spanische Nuntiatur von den übrigen europäischen Nuntiaturen:

- Das Madrider Nuntiaturgericht erhielt durch eine Verfügung Kaiser Karls V. (1519–1556; spanischer König seit 1516) 1528 den Status eines obersten kirchlichen Appellationsgerichts. Mit dieser Aufwertung war im Gegenzug die Forderung verbunden, dass kein kirchlicher Prozess an ein römisches Gericht überwiesen werden durfte. Auch musste der vom Nuntius bestellte vorsitzende Richter (Auditor) immer ein Spanier sein. Diese Vorschrift brachte dem spanischen Nuntiaturgericht in Anlehnung an den römischen Gerichtshof der „Rota" auch die Bezeichnung „Spanische Rota" ein, was die Unabhängigkeit von Rom noch einmal unterstrich.

- Schließlich unterhielt die spanische Nuntiatur seit 1592 einen eigenen „Fiskal" oder „Subkollektor", der für die Einziehung der Annaten und Servitien zuständig war – offensichtlich ein Relikt des spätmittelalterlichen Kollektorenwesens, das im 17. Jahrhundert auch an den Nuntiaturen in Polen und Florenz fortbestand. Dies trug möglicherweise dazu bei, dass in der historischen Forschung lange angenommen wurde, dass sich das „ständige" Nuntiaturwesen aus dem mittelalterlichen Kollektorenwesen entwickelt habe, was nunmehr durch Forschungen über die polnischen Kollektoren widerlegt zu sein scheint.

Weltkirche als Aufgabe

Die päpstliche Kurie hat die Nuntiaturbezirke zumeist den politischen Verhältnissen angepasst, obwohl sie vielfach staatsrechtlich-konfessionelle Entwicklungen – wie zum Beispiel geschaffen durch den Westfälischen Frieden – formal verurteilt hatte. In dem Breve, das die Fakultäten eines Nuntius enthielt, wurden die Länder des Nuntiatursprengels aufgeführt, bei denen es sich jedoch ausschließlich um katholische Territorien handelte, in denen die Ausübung päpstlicher Jurisdiktions- und Reservatrechte grundsätzlich möglich sein sollte. So lange also protestantische Länder – wie übrigens auch nichtchristliche Gebiete – unberührt blieben, war eine flächendeckende Aufteilung Europas oder gar der ganzen Welt in Nuntiatursprengel nicht gewährleistet. Als jedoch für die protestantischen Länder und die katholischen Missionsgebiete am 6. Januar 1622 die römische „Sacra Congregatio de Propaganda Fide" durch Papst Gregor XV. (1621–1623) gegründet wurde, teilte man päpstlicherseits alle bekannten Territorien und Erdteile den bis dahin institutionell weitgehend ausgebauten europäischen Nuntiaturen zu. Die Kurie hatte damit – obwohl bereits unter Kaiser Karl V. der Universalitätsanspruch des Papstes auf Europa eingeschränkt worden war – zum ersten Mal seit der Entdeckung Amerikas (1492) und der Reformation in Deutschland (1517) eine Verwaltungsstruktur geschaffen, die der hochmittelalterlichen Idee von der „ecclesia Romana" als „universalis ecclesia" territorial annähernd entsprach.

An der päpstlichen Kurie erhielt mit der Gründung der Missionskongregation „de Propaganda Fide" – und nicht erst im 20. Jahrhundert – das Konzept „Weltkirche" eine besondere Aufmerksamkeit.

Mit der Aufteilung der Welt und der Überweisung der Missionsgebiete löste sich die päpstliche Kurie von den kirchlich-jurisdiktionellen Personalverbänden zugunsten der Idee von kirchlichen Territorien, was dem zeitgenössischen Denken entsprach.

Die Aufteilung der Welt

Ohne die Hilfe der Nuntien war die Umsetzung des weltkirchlichen Gedankens nicht möglich. Die Nuntien erhielten damit einen neuen Stellenwert an der päpstlichen Kurie. Bei der Aufteilung der Gebiete auf die Nuntiaturen wurden die Territorien in Übersee in Anlehnung an die jeweiligen Kolonialmächte vorgenommen:

- Außerhalb des Kirchenstaates wurden die italienische Halbinsel sowie die angrenzenden Inseln, darunter auch Malta, auf die vier Nuntiaturen Venedig, Turin, Florenz und Neapel verteilt.

- Der Nuntius in Paris behielt die nördlichen Pyrenäen, die nördlichen Teile des Königreichs Navarra, die Gebiete der französischen Krone und Lothringen.
- Spanien, die amerikanische Westküste von Kalifornien über Mittelamerika bis hin nach Chile, die Philippinen und die Molukken (niederländische Kolonialgebiete) wurden dem Nuntius in Madrid übertragen.
- Portugal, Brasilien, Indien, die portugiesischen Inseln im Atlantik und im Indischen Ozean, darunter Madagaskar und die ostafrikanische Küste, wurden dem Nuntius in Lissabon unterstellt.
- Die spanischen Niederlande, England, Irland, Wales, Schottland, Dänemark und Norwegen wurden dem Nuntius in Brüssel zugeteilt. In der zweiten Hälfte des 17. Jahrhunderts beaufsichtigte diese Gebiete zeitweise der Kölner Nuntius.
- Die Länder vom Niederrhein bis nördlich des Elsass, Westfalen, Hessen, Franken, Sachsen, Braunschweig-Lüneburg gehörten zum Berichtsraum des Kölner Nuntius.
- Die übrigen Teile Deutschlands, Kärnten, Steiermark, Ungarn, Transsilvanien, Walachei, die Gebiete an der Moldau (Böhmen), wurden dem Nuntius in Wien unterstellt. Damit wurde die Grazer Nuntiatur, der Kärnten und die Steiermark unterstanden, aufgehoben.
- Polen, Russland, Podolien, Litauen, Livland, Preußen, Pommern, Schweden, Gotland, Finnland, die Gebiete am Weißen Meer, Smolensk und Moskau wurden dem polnischen Nuntius zur Aufsicht übertragen.
- Die helvetischen Gebiete, Wallis, Rhätien, Ober-Elsass, Sundgau, Breisgau, Burgund, Württemberg, Schwaben und Teile der Erzbistümer Besançon und Mailand sowie des Bistums Como wurden der Luzerner Nuntiatur zugeordnet.
- Görz, Karst, Krajina, Istrien, Dalmatien, Slawonien, Kroatien, Bosnien, Albanien und die Inseln Korfu, Za-

kynthos, Kefalonia, Kreta sowie die Kykladen kamen zur Nuntiatur Venedig.

Lediglich Griechenland, die Inseln im Ägäischen Meer und die von Makedonien bis an die Karpaten reichenden Gebiete blieben unberücksichtigt. Sie wurden von der römischen Kirche nicht beansprucht, sondern dem katholischen Patriarchat Konstantinopel belassen, dem sie kirchenrechtlich unterstanden. Ähnlich war man verblieben mit Ägypten, Nordafrika, Abessinien, Äthiopien, Mauretanien und dem Roten Meer, welche dem unierten Patriarchen von Alexandrien unterstellt waren. Im Einzelfall sollten allenfalls der Nuntius von Neapel und der Inquisitor von Malta die katholischen Angelegenheiten beaufsichtigen. Palästina, Syrien, Armenien, Antiochien, Arabien, Mesopotamien, Persien (bis zum Indus) wurden der Kustodie der Franziskaner in der Stadt Jerusalem zugeteilt.

In den Kolonien

Die päpstliche Missionskongregation „de Propaganda Fide" war darauf bedacht, dass hier nicht ein päpstlicher Machtanspruch geltend gemacht wurde, sondern die seelsorgliche und geistliche Betreuung in den Missions- und Kolonialländern im Vordergrund stand. Die Zuordnung der Länder auf die Wirkungsbereiche der Nuntien war zwar nach sinnvollen und nachvollziehbaren Kriterien erfolgt. Tatsächlich aber hatten die Nuntien keinen Einfluss, weil die Kolonialmächte den päpstlichen Nuntien schon im 16. Jahrhundert untersagt hatten, ihre Jurisdiktion außerhalb des jeweiligen Mutterlandes auszuüben. Damit entzogen die Kolonialherren zugleich die gesamte Missionsarbeit der geistlichen Aufsicht der Päpste. Hierauf Einfluss zu nehmen, war allenfalls auf Umwegen über die Tätigkeit von Ordensgeistlichen möglich. Wenn die Kolonialherren Weltpriester auf ihren Überseereisen mitnahmen, war eine Aufsicht weder durch den zuständigen Heimatbischof im europäischen Mutterland noch durch die Kurie möglich.

Als schließlich in den Kolonialgebieten die ersten Diözesen gegründet wurden, sicherten sich die Kolonialmächte durch das mehrfach auch in Europa praktizierte königliche Denominationsrecht ihre Einflussnahme auf die Auswahl der Kandidaten. Den Nuntien und auch der päpstlichen Kurie konnte wegen der immer wieder aufkommenden, bereits von Zeitgenossen angeprangerten Missstände im innerkirchlichen Bereich sowie wegen des brutalen Vorgehens gegen die Ureinwohner und der Verschleppung von Sklaven nicht der Vorwurf gemacht werden, sich an diesen menschenverachtenden Machenschaften beteiligt zu haben. Nur weil dort auch im Namen der Kirche Gewalt ausgeübt wurde, geschah dieses noch nicht mit Zustimmung der Kirche. Vielmehr haben sich die Päpste von Beginn an gegen die Unterdrückung der Ureinwohner in Amerika eingesetzt und die Sklaverei, die nach dem Vorbild der Moslems in Afrika betrieben wurde, immer verurteilt.

Das Engagement der päpstlichen Kurie in Ländern wie China, Indonesien oder im Orient blieb Aufgabe päpstlicher Missionspolitik.

Mit der Schaffung des päpstlichen Staatssekretariates und der Zuweisung der Missionsgebiete durch die Missionskongregation „de Propaganda Fide“ war die zu Anfang des 16. Jahrhunderts beginnende Entwicklung der „ständigen päpstlichen Nuntiaturen“ im wesentlichen abgeschlossen. Die päpstliche Diplomatie hatte ihre bis heute gültige Form erreicht und wies den Säkularisierungsprozess des seit dem 16. Jahrhundert aufkommenden europäischen Staatsdenkens in seine Schranken.

Papstpolitik während des Dreißigjährigen Krieges

Kein Konfessionskrieg

Die Papstpolitik während des Dreißigjährigen Krieges (1618–1648) wurde wesentlich durch das 21 Jahre andauernde Pontifikat Urbans VIII. (1623–1644) geprägt. Die größten diplomatischen und kirchlichen Aufgaben waren neben gesamteuropäischen Auseinandersetzungen während des Krieges die Bewältigung der allgemeinen ökonomischen Krise, besonders in den Mittelmeerländern. Ein ganz neuartiges naturwissenschaftliches Denken brachten die Entwicklungen im kulturellen Bereich in den „neuen Wissenschaften" mit sich. Die gegenreformatorische Bewegung ging einher mit einer zunehmenden Verrechtlichung des kirchlichen Lebens sowie nationalkirchlichen, staatskirchlichen und episkopalistischen Tendenzen, die Rechtskonflikte mit Rom geradezu herausforderten.

Längst wird der Dreißigjährige Krieg nicht mehr „nur" als konfessioneller Streit verstanden. Hier standen die katholischen Großmächte Frankreich (Haus Valois-Bourbon) sowie Spanien und Österreich (Haus Habsburg) einander gegenüber. Da deren Kampfhandlungen zum Teil auf der italienischen Halbinsel, in unmittelbarer Nachbarschaft zum Kirchenstaat ausgetragen wurden, war auch das Papsttum bedroht.

Wiederholt drängte der Heilige Stuhl bei den katholischen Mächten auf die Beilegung des Streits, weil gesamtkatholische Interessen – wie die Kämpfe gegen die Protestanten und die Türken – sonst zu kurz kommen würden. Beide Konflikte – die französisch-habsburgische und die konfessionell-religiöse Rivalität – stellten das Papsttum vor kaum lösbare Probleme. Noch 1625 kam es zu einer Protestgesandtschaft unter der Leitung des Kardinalnepoten Urbans VIII., Francesco Barberini (1597–1679), gegen den

Einfall eines französischen Söldnerheeres im Veltlin. Die Legation war allerdings ein einschneidender Misserfolg für die kuriale Diplomatie.

Der Mantuanische Erbfolgekrieg

Die offene Nachfolge für den verstorbenen Herzog von Mantua und Monferrat, Vincenzo II. Gonzaga (1594–1627), führte 1627/28 zu einem neuen Streit, da dieses Haus bisher in einer verwandtschaftlichen Linie der zum Hause Habsburg neigenden Familie Gonzaga stand, während die erbberechtigten Anwärter Angehörige des französischen Hochadels waren. Das Eindringen französischen Einflusses auf der italienischen Halbinsel wollte auch Spanien verhindern. Die Spanier besetzten deswegen mit Unterstützung des Herzogs von Savoyen die Markgrafschaft Montferrat mit ihrem Kandidaten. An dem daraus entstehenden Mantuaner Erbfolgekonflikt beteiligten sich französische Truppen unter persönlicher Führung von Kardinal Richelieu (1585–1642) und König Ludwig XIII. (1610–1643). Ihnen standen kaiserliche Truppen entgegen, die das bis dahin als uneinnehmbar geltende Mantua im Sommer 1630 eroberten, plünderten und zerstörten.

Der „padre comune"

Mantua war nur ein Nebenkriegsschauplatz im Dreißigjährigen Krieg. Aber der Konflikt zeigte, wie bedrohlich schnell auch der Papst in die bewaffneten Auseinandersetzungen hineingezogen werden konnte. So bemühte sich Urban VIII. als „padre comune" – wie er sich selbst titulierte – um diplomatische Verhandlungen. Seine Nuntien und Legaten erhielten die Anweisungen, nach besten Kräften auf eine Beilegung der Feindseligkeiten und auf politische Entspannung hinzuarbeiten.

Nachsichtig gegenüber Frankreich

Papst Urban VIII. beabsichtigte, sich aus den Kampfhandlungen während des Dreißigjährigen Krieges herauszuhalten. Diese Politik stand im Gegensatz zu den bisher üblichen gegenreformatorischen und innerkirchlichen Aktivitäten der Päpste und ihrer Legaten in früheren Jahrzehnten und wurde von zeitgenössischen Beobachtern als Passivität gegeißelt. Das Wegschauen der päpstlichen Kurie trotz der fragwürdigen Zugeständnisse König Ludwigs XIII. beim Abschluss des französisch-englischen Friedensschlusses im April 1629 oder auch bei Überlassung religiöser Freiheitsrechte an die französischen Hugenotten im Juni 1629 blieb in der Öffentlichkeit nicht unbeachtet.

Die Haltung des Papstes gründete in der Angst vor einem erneuten Einmarsch französischer Heere in Oberitalien. Hätte der Papst diese Zugeständnisse nicht gemacht, wäre das Verhältnis zu Frankreich nicht nur übermäßig belastet worden, sondern hätte möglicherweise zu einem tiefen Bruch geführt. Forderungen zugunsten der Katholiken und der Religionsausbreitung wurden aus Angst vor militärischer Gewalt dem politischen Interesse nach einer Sicherung des Kirchenstaates untergeordnet.

Urban VIII. hatte durch seine Geheimdiplomatie das Papsttum in Bedrängnis gebracht und zu sehr in die Hand der Franzosen gespielt. Der Prestige- und Autoritätsverlust der Kurie wurde seit dem Ende der 1630er Jahren offensichtlich, als es zum Ausbruch von schon jahrzehntelang schwelenden Kompetenzstreitigkeiten zwischen Rom, den staatlichen Institutionen in Frankreich und dem französischen Klerus kam und Rom unerwartet seine bisher entgegenkommende frankophile Haltung aufgab.

Nuntius Chigi und der Westfälische Friede

Während des Dreißigjährigen Krieges hielt die Kurie an ihrem Konzept fest, die Zwietracht zwischen den katholischen Mächten im Interesse der katholischen Religion beizulegen. Deswegen schickte Urban VIII., als in Münster und Osnabrück der Westfälische Friede ausgehandelt wurde, seinen päpstlichen Gesandten Fabio Chigi (1599–1667), seit 1655 Papst Alexander VII., als „mediator pacis" (Friedensvermittler) nach Münster, wo Frankreich mit Kaiser und Reich verhandelte.

Chigi thematisierte in einem schon zeitgenössisch publizierten Bericht an den humanistischen Gelehrten Lukas Holstenius (1596–1661):

> „Sieben lange Jahre verbrachte ich in der Hauptstadt Westfalens, wo ich mich als Vermittler zwischen den vielen Gesandten aus ganz Europa unablässig um Frieden bemühte. Aber ebenso uneinig, wie die Abgeordneten aufeinandergetroffen waren, kehrten sie letztlich auch wieder in ihre Heimat zurück. Denn das zerstrittene Deutschland willigte zwar in die Verträge ein, obwohl es sich in seinen Hoffnungen getäuscht sah, musste aber dann traurig mit ansehen, wie sich in Bayern neue Klagen erhoben. Die Gesandten von zwei Königen reisten vorzeitig ab und gefährdeten so die begonnenen Friedensverhandlungen. So schwer ist es, Frieden zu schaffen, wenn die Völker erst einmal von der Kriegslust gepackt sind und förmlich darauf brennen, zu kämpfen und zu morden."

Am Ende der Verhandlungen hatten also nicht nur die katholischen Mächte untereinander Frieden geschlossen, sondern diese wiederum auch mit den Protestanten. Das missfiel Papst Innozenz X. (1644–1655), weswegen er mit dem Breve „Zelo domus Dei" offiziell gegen die religiösen Bestimmungen des Friedensvertrages von Osnabrück und

Münster aus dem Jahre 1648 protestierte, obwohl er selbst mittels seines Friedensvermittlers an dem Vertragswerk mitgewirkt hatte.

Mit ihrem Protest verabschiedete sich die päpstliche Kurie aus dem machtpolitischen System Europas und verringerte ihre Einflussmöglichkeiten erheblich. Das Papsttum hatte bis zu Urban VIII. im Kräftefeld des katholischen Europas ein zentrales Gewicht dargestellt. Am Ende des Dreißigjährigen Krieges war dem Heiligen Stuhl nicht viel mehr als seine reiche Tradition geblieben.

Verkirchlichung der Nuntiaturen

Mit dem Westfälischen Frieden zu Münster und Osnabrück hatten die Konfessionsgrenzen in Deutschland und weiten Teilen Europas feste Formen erhalten. Reformarbeit im Sinne von Rekatholisierung ganzer Territorien war völlig unmöglich geworden. Die Arbeit der Nuntien in den deutschsprachigen Ländern erreichte eine neue Qualität und verlangte auch in Rom ein grundsätzliches Umdenken. Für die Missionen von Norddeutschland bis hinauf nach Skandinavien wurde mit der Errichtung des Apostolischen Vikariats des Nordens (1667/68) eine neue Operationsbasis geschaffen. Mit der Errichtung des Vikariats war auf eine kirchliche Organisationsform in der Zeit des Übergangs von der Spätantike zum frühen Mittelalter zurückgegriffen worden. Die Apostolischen Vikare, meistens Weihbischöfe der norddeutschen Diözesen Osnabrück, Hildesheim oder Münster, sollten den Kölner Nuntius in Zukunft wesentlich entlasten.

Der Erfolg innerkirchlicher Reformarbeit in den katholischen Gebieten Deutschlands dagegen hing wie zuvor vom Einvernehmen zwischen den Nuntien sowie den Bischöfen und katholischen Fürsten ab. Auch hier mussten neue Begegnungsformen gesucht werden. Der während des Krieges vorhandene Kampfgeist, der ein Gemeinschaftsgefühl der katholischen Fürsten und Bischöfe stärkte, war ausgeblieben. Die Bischöfe überließen die Verwaltung ihrer Diözesen ihren fähigen Stellvertretern, Weihbischöfen und Generalvikaren. Die reichspolitische Lage trug ihren Teil dazu bei. So war seit 1658 in den Wahlkapitulationen der deutschen Könige die Einschränkung der Nuntiaturjurisdiktion im Reich gefordert worden. Bis zum Ende der „Germania Sacra" 1803 konnte dieses Verlangen nicht realisiert werden. Die Nuntien gerieten zwar seit Beginn des 18. Jahrhunderts mehrfach in Konflikte mit den Fürstbischöfen, doch konnten auch staatliche Stellen an ihrer Präsenz im Reich nichts ändern. Allenfalls wurden Zivilprozesse vom Reichskammergericht kassiert, oder das Zeremoniell wurde absichtlich nicht eingehalten, um einen Nuntius auf diese Art und Weise zu brüskieren.

Der Reformwille der Nuntien in Köln, Luzern und Brüssel hatte auch nach dem Westfälischen Frieden nicht nachgelassen. Weiterhin wurde ein enger Kontakt zum örtlichen Regular- und Säkularklerus gesucht, und es fanden ausgiebige Visitationen statt. Die Konversionen einflussreicher Fürsten, Hochadeliger sowie international bekannter Gelehrter und Wissenschaftler bestärkten die Nuntien in ihrer Arbeit. Allerdings war auch zu beobachten, dass vereinzelt Nuntien aufgrund ihrer Unerfahrenheit und einer allzu engen römisch-kurialen Sichtweise sich schnell an Kleinigkeiten aufreiben konnten, die zu Staatsaffären aufgebauscht wurden.

Europäische Friedenskongresse

Abwechslung von der kirchlichen Arbeit bot sich manchen ständigen Nuntien anlässlich der Teilnahme an politischen Großereignissen wie Reichstagen, Kongressen und deutschen Königswahlen. Doch waren nach dem Dreißigjährigen Krieg und dem Absinken des internationalen Stellenwertes der römischen Kurie die politischen Einflussmöglichkeiten der Nuntien schon weitestgehend zurückgedrängt worden. Mit ihrem Protest gegen die religiösen Bestimmungen des Westfälischen Friedens hatte sich die römische Kurie selbst aus der Schar jener Mächte entfernt, die aktiv die zukünftige europäische Staatsordnung gestalten wollten.

Zu internationalen Friedenskongressen waren nach dem Westfälischen Frieden immerhin noch folgende Nuntien als Friedensvermittler benannt worden:

- Agostino Franciotti (1668 in Aachen),
- Opizio Pallavicini (1673–1674 in Köln),
- Luigi Bevilacqua (1676–1679 in Nimwegen) und
- Alessandro Borgia (1713 in Utrecht).

Doch konnten auch diese Nuntien ihre Mittlerrolle meist kaum ausfüllen.

Ein letzter Erfolg päpstlicher Diplomatie war der Aufruf Papst Innozenz' XII. (1691–1700) zur Teilnahme an den Verhandlungen zum Frieden von Rijswijk vom 30. Oktober 1697, mit dem der Pfälzische Erbfolgekrieg (1688–1697) beendet wurde. Denn hierin wurde bezüglich der auf dem rechten Rheinufer an Deutschland zurückgegebenen Orte vereinbart, dass hier die freie Religionsausübung den Katholiken belassen werden sollte (sog. Rijswijker Klausel). Damit aber war ein Grundprinzip des Westfälischen Friedens, das unter dem Schlagwort „Cujus regio, eius religio" bekannt geworden ist, ausgehebelt worden. Bis zur Aufhebung der Klausel im Jahre 1734 durch Kaiser Karl VI. wurde dadurch die Religion dieser Gebiete als katholisch festgeschrieben.

Doch kam es im 18. Jahrhundert auch vor, dass päpstliche Vermittler ihr Amt nicht ausüben durften. 1702 entsandte Papst Clemens XI. (1700–1721) seinen außerordentlichen Nuntius Orazio Filippo Spada (1659–1724), der von Kaiser Leopold I. (1657–1705) brüsk abgelehnt wurde. Der Papst – so hieß es – sei peinlich überrascht, dass der Kaiser einen Abgesandten des Stellvertreters Christi zurückweise. Letztlich waren nicht der außerordentliche Nuntius, sondern der Papst selber und seine Vermittlungsbemühungen abgelehnt worden. Den Österreichern galt der Papst als zu frankophil, und andere waren grundsätzlich an einer päpstlichen Einmischung nicht interessiert.

Solcherlei Entwicklungen beschleunigten die Verkirchlichung der nachtridentinischen mitteleuropäischen Nuntiaturen nach dem Dreißigjährigen Krieg. Streitgegenstände, die an den Nuntiaturgerichten in Wien, Polen, Luzern, Brüssel und Köln verhandelt wurden, waren zum Beispiel weltliche Übergriffe auf geistliche Institutionen, Missachtung kirchlicher Immunitäten, Streitigkeiten zwischen verschiedenen Ordensangehörigen oder Pfründenstreitigkeiten an Kapiteln und geistlichen Stiften.

Professionalisierung: Die Diplomatenschule

1701 gründeten die beiden Priester Pietro Garagni und der 1834 seliggesprochene Sebastiano Valfrè (1629–1710) in Rom die „Accademia dei Nobili Ecclesiastici" zur Vorbereitung von adeligen Priestern auf den diplomatischen Dienst. Papst Clemens XI. unterstellte 1703 die Akademie einem Kardinalprotektor. Noch bis in das 20. Jahrhundert hinein erteilte der Papst persönlich seine Erlaubnis zur Aufnahme in die Akademie.

In den ersten 20 Jahren ihres Bestehens wurden über 150 Diplomaten ausgebildet. Unter Papst Clemens XIII. (1758–1769), selbst ehemaliger Alumne der Akademie, schloss die Akademie 1765 ihre Türen, bis sie 1775 wieder neu eröffnet wurde.

Insgesamt sind aus der sehr elitären Schule über 80 Kardinäle sowie folgende fünf Päpste hervorgegangen:

- 1714 immatrikulierte sich der spätere Papst Clemens XIII.,
- 1783 der spätere Papst Leo XII. (1823–1829),

- 1832 der spätere Papst Leo XIII. (1878–1903),
- 1879 der spätere Papst Benedikt XV. (1914–1922),
- 1921 der spätere Papst Paul VI. (1963–1978).

Der Nuntiaturstreit im Heiligen Römischen Reich Deutscher Nation

Ein deutsches Problem

Der Nuntiaturstreit oder auch Nuntiaturgerichtsbarkeitsstreit gegen Ende des 18. Jahrhunderts ist in seinem konkreten Verlauf ein auf den deutschen Sprachraum begrenzter Konflikt geblieben, wenn es auch ansonsten Streitigkeiten um die Tätigkeit der Nuntien in anderen Ländern gegeben hat, wie zum Beispiel in Florenz. An den Nuntiaturen in Paris oder Madrid bestanden andere rechtliche Regelungen, die Angriffe auf das Nuntiaturwesen nicht in der Weise begünstigten, wie es in Deutschland der Fall war. Sicherlich wurden im Laufe der Zeit auch die Nuntiaturen in Paris und Madrid in ihrer Existenz mehrfach bedroht, waren aber dann in Vereinbarungen oder Konkordaten – wie 1737 zwischen Philipp V. von Spanien (1700–1746) und Papst Clemens XII. (1730–1740) – auf eine neue rechtliche Basis gestellt worden. Solche Einigungen waren in Deutschland aufgrund der komplizierten staatsrechtlichen Verfassung des Heiligen Römischen Reiches nur schwer möglich, so dass sich die Streitigkeiten zwischen den Nuntien und den staatlichen Gewalten hinauszögerten und für keine Seite jemals zu einem befriedigenden Abschluss kamen. So wurde ein verheißungsvolles Vorgehen gegen die Nuntien und ihre Gerichtsbarkeit auch seitens des Reichstages oder des Kaisers durch Sonderinteressen einzelner Reichsfürsten unterbunden oder hintertrieben.

Kompetenzstreit zwischen Bischöfen und Papst

Im wesentlichen ging es im Nuntiaturstreit um das Verhältnis zwischen der Vollmacht des Apostolischen Stuhles einerseits und der Selbständigkeit der Bischöfe andererseits. Die in ihren Wurzeln bis in das Mittelalter zurückreichenden Spannungen waren im 17. und 18. Jahrhundert durch nationalkirchliche Tendenzen in Frankreich (Gallikanismus), durch die Forderung nach einer neuen reichskirchlichen Ordnung und durch die seit Papst Benedikt XIV. (1740–1758) betonte Hervorhebung der Primatialgewalt gegenüber der bischöflichen Jurisdiktionsgewalt verstärkt aufgekommen. Die Bischöfe, die bis zur Säkularisation in Deutschland auch Reichsfürsten waren, forderten bestimmte Rechte und Ansprüche. Dazu zählten aus dem Gesamtkomplex des kirchlichen Stellenbesetzungsrechts die Abschaffung der nach dem Jahreseinkommen der Bischöfe berechneten einmaligen Zahlung an die Kurie (Annatenzahlung), die Neugestaltung der Bischofswahl und des bischöflichen Informativprozesses, die freie Auswahl der Weihbischöfe durch den Ortsbischof und das von Rom unabhängige Verfügungsrecht über sämtliche kirchlichen Benefizien. Die Dispenspraktiken, die Visitationen und die Weihehandlungen der Nuntien wurden als Übergriffe in die geistliche Jurisdiktion der Ortsbischöfe empfunden. Dabei waren es doch vielfach die Nuntien, die jahrzehntelang zuvor in weiten Teilen Deutschlands als einzige die geistliche Betreuung des Kirchenvolkes garantierten. Als nun aber persönlichkeitsstarke Fürstbischöfe zunehmend ihrer geistlichen Aufgabe gerecht wurden, war ein Konflikt unvermeidbar.

Febronianismus

Herausragende Bedeutung in der deutschen Reformbewegung erlangte Johann Nikolaus von Hontheim (1701–1790).

Er war 1748 Weihbischof in Trier geworden. 1763 erschien unter dem Pseudonym Justinius Febronius der erste Band seines fünfbändigen Werkes mit dem Titel:

> „De statu ecclesiae et legitima potestate Romani Pontificis liber singularis, ad reuniendos dissidentes in religione Christianos compositus“ (Vom Zustand der Kirche und der rechtmäßigen Gewalt des römischen Papstes, die in der Religion einander gegenüberstehenden Christen zu vereinigen).

Angeregt durch ein neues Selbstbewusstsein der geistlichen Kurfürsten von Trier, Köln und Mainz gegenüber Papst und Kaiser sprach sich Hontheim für eine restaurative Kirchenreform aus, in der nach dem Vorbild der Kirche der ersten acht Jahrhunderte der Ortsbischof mit einer konkurrenzlosen Leitungsgewalt ausgestattet war.

Selbstverständlich wurde in Hontheims nationalkirchlicher Kirchenverfassung dem Papst die Unfehlbarkeit in Glaubensentscheidungen und die Jurisdiktion über die Gesamtkirche abgesprochen. Ihm kam nur noch die Rolle eines Ehrenvorsitzenden zu.

Gegen zwei Fronten hatten die Anhänger des Febronianismus zu kämpfen: Sie brachten selbstverständlich den Papst, und in vorderster Linie seinen zuständigen Kölner Nuntius gegen sich. Ferner ging die von Hontheim angedachte Stärkung des Metropoliten zugleich zuungunsten der Jurisdiktionsrechte der Suffraganbistümer, die einem Metropolitanbischof unterstanden. Letztlich beruhte das Konzept Hontheims nur auf der Idee der Umverteilung der Macht. Die Metropolitanbischöfe, die zugleich Kurfürsten waren, entwickelten zugunsten der Staatenwerdung ihr absolutistisches Herrscherbewusstsein und ihre Souveränität. Dem widersprach nach ihrem Verständnis die kirchliche Abhängigkeit von einem römischen Papst zutiefst.

Hontheims Widerruf

Schon Niccolò Oddi (1715–1767), von 1754 bis 1760 Nuntius in Köln, blieb die Tätigkeit Hontheims nicht verborgen, weshalb das Werk wenige Monate nach seinem Erscheinen am 27. Februar 1764 auf den römischen Index der verbotenen Bücher gesetzt werden konnte. Giovanni Battista Caprara (1733–1810), 1766 bis 1775 Nuntius in Köln, hatte die Aufgabe, Hontheim zum Widerruf seiner Irrlehren zu bewegen. Doch Caprara glaubte nicht an dessen Urheberschaft und beauftragte ausgerechnet Hontheim damit, den Mainzer Erzbischof davon zu überzeugen, dass die Febronianischen Ideen unhaltbar seien. Es ist unklar, ob diese Entscheidung ein geschickter Schachzug Capraras war oder auf dessen notorische Konfliktunfähigkeit zurückzuführen ist. Aber auch sein zögerlicher und ausgleichender Charakter schützte Caprara nicht davor, dass er seit Beginn seiner Kölner Legation am kurkölnischen Hof isoliert war.

Erst 1778 gelang es Carlo Bellisomi (1736–1808), 1775 bis 1786 Nuntius in Köln, Hontheim zum Widerruf zu bewegen.

Eine Hofnuntiatur in München

Der Nuntiaturstreit erreichte seinen Höhepunkt im Vorfeld der Gründung der Münchener Nuntiatur 1785/86. Das Haus Pfalz-Neuburg-Bayern wünschte schon seit Jahrzehnten einen „Hofbischof“ für seine Territorien. Die Kurie lehnte die Wiederbelebung eines Staatskirchentums im 17. und 18. Jahrhundert immer ab, weil sie befürchtete, dass ein Hofbischof schnell zum Spielball des jeweiligen Fürsten werden sowie sich in einen Konflikt mit der römischen Kurie begeben und ihrem Einfluss ganz entziehen könnte. Außerdem hätte die Pränominierung eines Hofbischofs durch den Fürsten weitestgehend dem frühmittelalterlichen Eigenkirchenwesen entsprochen, das in Deutschland, wo die

Bischöfe von den Domkapiteln gewählt wurden, zu unnötigem Streit geführt und einen Rückschritt bedeutet hätte.

Weil die Kölner Erzbischöfe seit 1761 nicht mehr der bayerischen Familie entstammten, war die Umsetzung kirchlich-kurialer Ziele im Kölner Erzbistum und Metropolitanbezirk erschwert worden. Deswegen kamen seit 1770 an der römischen Kurie Überlegungen auf, die Kölner Nuntiatur an den Hof der papsttreuen Pfalz-Neuburger nach Mannheim zu verlegen. Schließlich wurde jedoch nach dem Zusammenschluss der Besitzungen der ausgestorbenen bayerischen Wittelsbacher und der Pfalz-Neuburger (1777) am pfalz-bayerischen Hof in München – neben der Kölner Nuntiatur – 1785 eine neue Nuntiatur eingerichtet. Die Jurisdiktion der Münchener Nuntiatur wurde von den pfalz-bayerischen Bischöfen gefürchtet, weil diese eine weitergehende Einschränkung ihrer bischöflichen Rechte befürchteten. Diese Befürchtungen waren wohl nicht ganz unberechtigt, doch hatte die Nuntiatur in München kaum eine Chance erhalten, sich zu einem päpstlichen Machtinstrument zu entwickeln. Einerseits nahm sie den Charakter einer „Hofnuntiatur“ ein, deren Nuntius die bayerischen Säkularisationspläne offen unterstützte. Andererseits machten die politischen Veränderungen zwischen der Französischen Revolution (1789–1799) und der Säkularisation (1803) bald alle päpstlichen Einflussmöglichkeiten zunichte.

Zuerst wurde mit der Besetzung der Rheinlande durch napoleonische Truppen im Jahre 1794 faktisch die Kölner Nuntiatur aufgehoben. Als dann 1800 der Münchener Nuntius Emidio Ziucci (1796–1800) abberufen wurde, übte zwischen 1800 und 1802 gelegentlich der Sondergesandte Annibale della Genga, der spätere Papst Leo XII. (1823–1829), in Bayern Jurisdiktionsrechte aus, doch die Nuntiatur blieb bis 1818 unbesetzt. Bayern hatte kein Interesse, durch neue Nuntien seine inzwischen durch den Reichsdeputationshauptschluss 1803 sanktionierten Säkularisationspläne behindern zu lassen.

Nuntius Pacca beim König von Preußen

Die päpstlichen Nuntiaturen der frühen Neuzeit bis zum Ende des Ancien Régime unterschieden sich durch zweierlei von den diplomatischen Vertretern anderer weltlicher Potentaten:

- Ein päpstlicher Nuntius besaß kirchliche Jurisdiktionsrechte, die gegebenenfalls – wie bereits gezeigt – in Konkurrenz zur bischöflichen Gewalt standen.
- Die päpstlichen Nuntien waren ausschließlich bei katholischen Fürsten beglaubigt worden.

Gerade der zweite Punkt erwies sich als besonders vertrackt. Nuntien waren nicht nur bei protestantischen Fürstenhöfen nicht vertreten, sondern ihnen war explizit verboten worden, in Kontakt mit diesen zu treten. Das galt für die Protestanten im Deutschen Reich genauso wie für die protestantischen Schweizer Kantone. Um dieses Manko wettzumachen, hatten die Nuntien ihre Agenten, umtriebige Patres (nicht selten Jesuiten) oder Apostolische Vikare mit der Kontaktpflege zu protestantischen Häusern betraut. Hinter dieser Praxis verbarg sich die politische Utopie der päpstlichen Diplomatie, die auch nach dem Westfälischen Friedensschluss aufrechterhalten worden war, dass es eine Allianz zwischen katholischen und protestantischen Häusern nicht geben dürfte.

Dass der Heilige Stuhl seinen Nuntien verbot, mit protestantischen Fürsten Kontakt aufzunehmen, beruhte bis in die Mitte des 18. Jahrhunderts auf Gegenseitigkeit. Als Papst Benedikt XIII. (1724–1730) sich zur Beilegung eines Zwistes im Jülischen an die Regierung Preußens wandte, stellte der Staatsminister Friedrich Ernst Freiherr zu Inn- und Knyphausen (1678–1731) fest, dass Preußen seit der Reformation mit dem Papst keine Korrespondenz gehabt hatte. Das sollte sich ändern, als mit Giovanni Antonio

Coltrolini von 1747 bis 1763 erstmals ein preußischer Gesandter beim Heiligen Stuhl akkreditiert war.

Umgekehrt wurde deswegen zwar noch kein päpstlicher Nuntius an den preußischen Königshof gesandt, aber der Kölner Nuntius (1786–1794) Bartolomeo Pacca (1756–1844) kam am 9. Juni 1788 erstmals mit dem preußischen König Friedrich Wilhelm II. (1786–1797) zusammen, dem der Heilige Stuhl – wie seinen Vorgängern auch – pikanterweise die Königswürde nicht zuerkannt hatte. Vielleicht hat sich der König dadurch gerächt, dass er durch seinen Oberstjägermeister Heinrich Friedrich Karl Reichsfreiherr vom und zum Stein (1757–1831) Pacca wissen ließ, dass er ihn empfangen könnte, wie es einem päpstlichen Legaten würdig sei. Pacca störte das jedoch nicht.

Auch wenn die Gespräche kaum politische Inhalte berührten, so war alleine die Tatsache des Zusammentreffens in Wesel spektakulär, weil Pacca wegen des Nuntiaturstreits von den rheinischen Kurfürst-Erzbischöfen von Köln, Mainz und Trier bis zu diesem Zeitpunkt nicht empfangen worden war. Im übrigen bediente sich Pacca bei der Erwähnung der „Uneinigkeiten und Streitigkeiten“ mit den geistlichen Kürfürsten „nur allgemeiner Ausdrücke“, weil

> „ich es für unangemessen und nicht schicklich für einen Minister des Heiligen Stuhls hielt, sich bei einem protestantischen Könige zum Ankläger der Oberhirten der deutschen Kirche zu machen und so den Feinden der katholischen Religion Gelegenheit zum Tadel und Spott zu geben“.

Den Nuntiaturstreit – der von Beginn an ein politischer Streit war – beendeten die zeitgeschichtlichen Umstände. Seit dem Sommer 1789 besetzten französische Revolutionstruppen die Rheinlande, woraufhin die rheinischen Kurfürsten aus ihren Territorien flohen.

Staatsrecht und antipäpstliche Propaganda

Seine offene Gegnerschaft zu den Nuntiaturen brachte der deutsche Staatsrechtler und Protestant Friedrich Carl von Moser 1788 in seiner „Geschichte der Päbstlichen Nuntien in Deutschland“ auf die folgende polemische Formel:

> „Die letzte zwo Jahrhunderte schickte uns Italien Atheisten, Machiavelle, welsche Sünden [= Geschlechtskrankheiten] und Jesuiten; das Gute und Schlechte, was wir noch von dannen bekommen, sind Citronen, Pomeranzen, Macaroni, Reliquien, Genueser Lotto, Castraten und Päbstliche Nuntien. Keins von allen diesen Producten ist uns Deutsche theurer zu stehen gekommen, als diese letztern, da sie nicht nur Deutschland um sein Geld, sondern [...] um seinen Verstand und Freiheit brachten.“

Moser zog daraus den Schluss:

> „Die Nuntien müssen also ein Geschlecht seyn, das man antasten darf, ohne den Pabst zu beleidigen, ein Auswuchs an dem geistlichen Körper, wie die sogenannten Mitesser, die Kröpfe und andere Schwamm-Gewächse, die man, ohne den Körper zu beschimpfen oder ihm zu schaden, abbeizen, abschneiden und vertilgen darf.“

Der deutsche Staatsrechtler Moser vertrat hier keine Einzelmeinung und wurde zum Sekundanten der geistlichen Kurfürst-Erzbischöfe. Aber es gab auch unter prominenten protestantischen Denkern der Zeit differenziertere Aussagen. Der Osnabrücker Staatsmann, Historiker und Philosoph Justus Möser (1720–1794) etwa stellte korrekterweise fest, dass der Papst „unstreitig die Nuntien auf sehnliches Verlangen der Deutschen“ ins Reich gesandt hatte.

An den übrigen europäischen Nuntiaturen

Schweizer Nuntiatur

So wie die Deutschen ihren Hontheim hatten, so hatten die Schweizer in dem katholischen Aufklärer und Luzerner Patrizier Josef Anton Felix Balthasar (1737–1810) ihren episkopalistischen Hauptvertreter. Neben den Bestrebungen der Bischöfe, ihre Macht auf Kosten kurialer Einflussmöglichkeiten zu erweitern, stellte die demokratische Verfassung der helvetischen Länder und das schweizerische Selbstbewusstsein eine besondere Herausforderung für das hierarchische Kirchenverständnis dar. Darüber hinaus galt es seitens der Nuntien zur Verhinderung einer Staatskirche, den weltlichen Einwirkungen auf das innerkirchliche Leben in der Schweiz wirksam entgegenzutreten, gleichzeitig aber mit den einzelnen Kantonalregierungen zum Wohle der Katholiken möglichst gute Beziehungen zu unterhalten.

Nuntiatur in Paris

Den Pariser Nuntien oblag der Kampf gegen die häretischen Gallikanisten und Jansenisten, deren Veröffentlichungen zwecks kirchlicher Verurteilung (Indexierung) in Rom angezeigt werden mussten. Ihre Haupttätigkeit galt den zähen Vermittlungsbemühungen zwischen Papsttum und Bourbonen. In diesem Zusammenhang demaskierte die erfolgreich betriebene Aufhebung des Jesuitenordens 1773/74 jene absolutistische Verfügungsgewalt der bourbonischen Höfe in Madrid und Paris über das Papsttum.

Besondere Erwähnung verdient Nuntius Giovanni Battista Caprara, der uns schon als Nuntius in Köln begegnete. Er erwarb sich 1801/02, lange nach Ende der Französischen Revolution, große Verdienste um die Verhandlungen und Ausführungen des französischen Konkordates mit Kaiser Napoleon I. Bonaparte (1804–1814). Später fiel aber auch Caprara aufgrund seiner frankophilen Haltung beim Papst in Ungnade. Caprara krönte auch Napoleon 1805 in Mailand zum König von Italien.

Wiener Nuntiatur

Über die Wiener Nuntiatur wurde ein Großteil der politischen Einflussnahme auf kirchliche und politische Angelegenheiten im gesamten Deutschen Reich gesucht. Innerkirchliche Schwerpunkte waren gegen Ende des 18. Jahrhunderts die Auseinandersetzungen um den Josephinismus in den habsburgischen Ländern. Der Josephinismus verstand sich zwar selbst als eine vom Staat ausgehende Kirchenreform, doch weil er die Unantastbarkeit der Kirche nicht respektierte, war er letztlich nur eine besondere, auf die habsburgischen Länder beschränkte Form des Staatskirchentums.

Polnische Nuntiatur

Polen war im 16. und beginnenden 17. Jahrhunderts für seine in der Warschauer Konföderation niedergelegte Toleranz sprichwörtlich als „Zufluchtstätte für Häretiker" gerühmt worden. Für die katholische Kirche galt dies als besondere Gefahr, der seitens der Päpste durch den Einsatz der Nuntien begegnet wurde. Doch waren es eher die schwedischen Aggressionen und der Krieg von 1655 bis 1660 als das Verdienst der Nuntien, dass dem konfessionellen Toleranzgedanken zugunsten eines verstärkten nationalen Denkens ein schnelles Ende bereitet wurde.

Nach dem militärischen Erfolg des polnischen Königs Jan III. Sobieski (1674–1696) im Kampf gegen die Türken beim Entsatz von Wien 1683 verlor Polen zusehends seine Selbständigkeit. Das wurde nicht zuletzt durch die Wahl von Ausländern zu Königen deutlich, wie im Falle der Wahl des sächsischen Kurfürsten Friedrich August I., der als August der Starke (1697–1704 und 1709–1733) in die Geschichte Polens einging. Seine Konversion war kein Erfolg emsiger Jesuiten oder der päpstlichen Nuntiatur, sondern Machtkalkül. Für die Wahl auf den polnischen Königsthron war die Zugehörigkeit zur katholischen Kirche Voraussetzung. Vergeblich also erhofften die päpstlichen Nuntien Oratio Filippo Spada (1703–1706), Giulio Piazza (1706–1708) und Niccolò Spinola (1707–1712) von König August die Rückkehr Sachsens zur katholischen Kirche. Allenfalls konnten einige Erleichterungen für die sächsischen Katholiken erreicht werden.

Gut 70 Jahre später konnte der Heilige Stuhl sein Verhältnis zu Polen wie auch zu dessen Teilungsmächten, dem orthodoxen Russland, dem lutherischen Preußen und dem katholischen, wenngleich josephinistischen Österreich nicht eindeutig bestimmen. Anlässlich der ersten Polnischen Teilung (1772) unternahm Nuntius Giuseppe Garampi (1772–1776) zwar noch den verzweifelten Versuch, die katholischen Staaten für die Katholiken in den Teilungsgebieten zu mobilisieren. Das änderte aber nichts an der Hilflosigkeit der päpstlichen Diplomatie gegenüber den Teilungsmächten. Diese gaben schon bald dem letzten polnischen Nuntius Lorenzo Litta (1794–1797) zu verstehen, dass eine Sonderbehandlung der polnischen Angelegenheiten im Sinne der päpstlichen Kurie nicht in Frage komme.

Vorrang von kirchlichen Angelegenheiten

Bei einer Beurteilung des Verhältnisses von staatlichen und kirchlichen, politischen und pastoralen, weltlichen und geistlichen Aufgaben der Nuntien im 18. Jahrhundert muss nach Ort und Zeit differenziert werden. So haben wohl staatspolitische Aufgaben nach dem Renaissancepapsttum nie mehr in einer europäischen Nuntiatur dominiert, weil sie spätestens nach dem Westfälischen Frieden auch von den Nuntiaturen nicht mehr durchzusetzen waren.

Selbstverständlich waren die gesamtkirchlichen Interessen des Papsttums deswegen nicht schon rein spiritueller Natur. Erinnert sei hier allein an den ständigen Kampf um die Vergabe der kirchlichen Pfründen, angefangen beim Kapitelssitz bis hin zum Abts- und Bischofsstuhl. Hier gehen machtpolitische, wirtschaftliche und kirchenpolitische Interessen Hand in Hand.

Auf politischem, administrativem und diplomatischem Wege wurden kirchenpolitische Ziele durchgefochten. Nicht zuletzt hatte der Heilige Stuhl politische Interessen während des Siebenjährigen Krieges (1756–1763) geltend gemacht.

Papsttum an der Wende vom 18. zum 19. Jahrhundert

Diplomatische Revolution und Siebenjähriger Krieg

Zu den am päpstlichen Hof aufrechterhaltenen Utopien gehörte bis ins 18. Jahrhundert hinein die Vorstellung, dass die katholischen Mächte Europas zusammenhalten müssten. Als es am 1. Mai 1756 zum Abschluss des Vertrages von Versailles kam, in dem Frankreich und Österreich – zwei große katholische Mächte – einen Freundschaftsvertrag geschlossen hatten, schien eine politische Konstellation eingetreten zu sein, auf die die päpstliche Kurie seit der Gegenreformation vergeblich gewartet hatte. Aus Sicht der päpstlichen Diplomatie war ein Traum in Erfüllung gegangen und gar eine „diplomatische Revolution“ eingetreten. Doch Hintergrund war, dass Österreich wegen des Verlusts von Schlesien an Preußen nun Frankreich als Verbündeten gegen Preußen und England suchte. In dem nun folgenden sogenannten „Dritten Schlesischen Krieg“, der besser bekannt ist als „Siebenjähriger Krieg“ (1756–1763), verlief die Frontlinie entsprechend anders.

Der Heilige Stuhl knüpfte an diese neue Frontlinie die Hoffnung auf Veränderungen und versuchte auch, sich selbst im Konzert der Mächte neu zu positionieren. Das gelang ihm letztlich nicht. Das Versagen des Heiligen Stuhls wurde schon dadurch offensichtlich, dass seit Kriegsausbruch alle möglichen Staaten die kriegführenden Mächte mit Friedensaufrufen angingen, während der Heilige Stuhl erst 1760 Friedensappelle veröffentlichte, als die Nachricht über das Zustandekommen eines Friedenskongresses verbreitet wurde.

Auch das umständliche Taktieren der päpstlichen Nuntien deutete auf eine unentschlossene Haltung und die tiefe politisch-ideologische Krise des Heiligen Stuhls hin. Sie wurde offenbar, als die europäischen Mächte den Frieden von Paris und den Frieden von Hubertusburg im Februar 1763 ohne den Papst aushandelten. Dabei hatte sich mit Giuseppe Garampi (1725–1792) einer der fähigsten Diplomaten der Heiligen Stuhls eigens als „Friedensvermittler" bereitgehalten.

Kirchenkrise und Aufklärung

Am Ende des 18. Jahrhunderts steckte die katholische Kirche und mit ihr auch die päpstliche Kurie in einer schweren Krise, die sich in Dekadenzerscheinungen auf vielerlei Art bemerkbar machte. Nach außen hin blieb die Macht oder besser der Glanz der Kirche zwar im gesamten 18. Jahrhundert erhalten. Doch seit sich in der Aufklärung eine antipäpstliche und sogar entschieden papstfeindliche Stimmung auch bei den katholischen Mächten in ganz Europa und sogar bei den rheinischen Kurfürst-Erzbischöfen bemerkbar machte, war die geistliche Obergewalt des Papstes und seiner Nuntien vielfach zu einer bloßen Fassade verkommen und auf reines Anspruchsdenken reduziert. Die Abwertung der päpstlichen Autorität fand ihren Ausdruck auch darin, dass der im Zeitalter der Gegenreformation als modernster Staat Europas geltende Kirchenstaat plötzlich als ein rückständiges Gebilde erschien.

Auf der Suche nach starken weltlichen Partnern lavierte die Kurie angesichts der Rivalität zwischen dem Kaiserhof in Wien sowie den Königshöfen in Paris und Madrid hin und her. Erstes augenfälliges Beispiel für ihr Lavieren und Preisgeben der eigener Ansprüche war die bereits erwähnte Aufhebung des Jesuitenordens 1773/74, die auf Drängen der Könige von Frankreich, Spanien und Portugal erfolgte. Es war ein Ereignis, das gar an die Aufhebung des Templerordens während des Avignonesischen Exils erinnert. Mit derart willfährigen Maßnahmen wenigstens war die Wiedererlangung der päpstlichen Autorität unmöglich geworden.

Aus heutiger Sicht ist die Tatsache, dass die Kurie zugleich weltliche und kirchliche Macht darstellte, sehr ambivalent zu beurteilen:

- Der Kirchenstaat war zum einen die Bedingung für die Unabhängigkeit des Heiligen Stuhls,
- zum anderen die Ursache der Schwächung des „Papsttums“ und erschwerte, dass der Papst als gemeinsames geistliches Oberhaupt aller Gläubigen angesehen werden konnte.

Die reichskirchliche Ordnung der „Germania Sacra“ bildete eine wesentliche Voraussetzung für das Wirken der Apostolischen Nuntien im deutschen Reich. Eine solche Grundlage war in den anderen Ländern, in denen die römische Kurie Nuntiaturen unterhielt, nicht gegeben. Erst durch die Säkularisation 1803 wurde die umstrittene Gerichtstätigkeit der Nuntien auch in Deutschland beendet.

Der Groll gegen die Gerichtsbarkeit der Nuntien in den ehemaligen Ländern des Heiligen Römischen Reiches Deutscher Nation saß tief. Noch während Napoleon Papst Pius VII. (1800–1823) an der Küste Liguriens, in Savona, gefangenhielt, empfahl Minister Klemens Wenzel Lothar von Metternich-Winneburg (1773–1859), keine Nuntiatur mehr in Wien zuzulassen. Der österreichische Kaiser Franz I. (1804–1835) verfügte entgegen dessen Rat für Österreich:

> „Da der Nuntius in Meinen Staaten bloß als der Botschafter des Pabstes angesehen wird, und Meine Unterthanen sich in jenen Angelegenheiten, wo sie sich nach Rom oder an den Pabsten wenden dürfen, an selben nicht durch den Nuntius, sondern durch Meine Gesandtschaft wenden müssen [...] so gestatte Ich doch, dass der Nuntius aus Verehrung für die Person des Heiligen Vaters sowohl, als um nicht in der Kirche zu einem Zwiespalte Anlass zu geben, in Meinen Staaten nach Abgang seines Botschaftercharakters als ein Agent des Papstes verbleibe."

Konkordatsverhandlungen

Doch schuf die Säkularisation aus Sicht des Heiligen Stuhls eine höchst unbefriedigende Lage. Die Kirche in Deutschland, so führte Pius VII. in einem Breve an Napoleon Bonaparte am 4. Juni 1803 aus, habe in letzter Zeit unberechenbare Verluste hingenommen. Ihr seien fast alle zeitlichen Güter genommen worden. Und nach deren Verlust folgte schnell der Verlust der geistlichen Güter.

Napoleon erhörte die Klagen Pius' VII. und veranlasste im Jahr darauf, dass der Reichstag zu Regensburg im Februar 1804 wegen eines Konkordats mit dem Heiligen Stuhl verhandelte.

Der erste Konkordatsentwurf nahm die febronianistischen und josephinistischen Ideen der Aufklärung auf, wie sie auch der neue Erzbischof von Mainz, Karl Theodor Freiherr von Dalberg (1744–1817), federführend propagierte.

Der päpstliche Unterhändler Ercole Consalvi (1757–1824), einer der bedeutendsten Staatsmänner der Wende vom 18.

in das 19. Jahrhundert, reagierte auf diesen Konkordatsentwurf sehr flexibel. Er war der Meinung:

> „Tun wir doch dem Kurfürsten von Mainz recht schön, soweit es irgendwie geht. Was er auch für Grundsätze haben mag, seine Worte sind angenehm und honigsüß. Wenn er uns verlässt, haben wir keinen Verteidiger mehr in Deutschland. Es ist auch sein Vorteil, vereint mit Rom dazustehen, aber Rom kann ohne ihn in Deutschland nichts erreichen."

Das Konkordat, zu dessen Verhandlungen die Kurie Antonio Gabriele Severoli (1757–1824) schickte, kam nie zustande. Statt dessen aber richtete sich das Augenmerk der päpstlichen Kurie auf die Verhandlungen mit Napoleon, die Consalvi führte.

Abschied vom „Padre comune"

Papst Urban VIII. hat sich während des Dreißigjährigen Krieges selbst als „padre comune" bezeichnet und als überparteilicher Friedensvermittler angeboten. Schließlich sandte er damals ja auch Fabio Chigi zu den Verhandlungen nach Münster. Diesen Anspruch konnte der Papst aufrechterhalten, so lange gemäß dem Konzept der gegenreformatorisch geprägten päpstlichen Diplomatie gültig war, dass es nur eine katholische Aktionseinheit geben dürfe. Schon im Dreißigjährigen Krieg, als sich auch katholische Fürsten in einander feindlich gesinnten Lagern gegenüberstanden, war diese Art Friedensvermittlung gefordert. Doch während des Siebenjährigen Krieges, als katholische den protestantischen Fürsten entgegenstanden, hatte das Papsttum als Friedensvermittler versagt. Nun wurde offenbar, dass es dem Papst eigentlich nur um den Zusammenhalt der katholischen Fürsten ging.

Kapitel IV:

Gefangen im Vatikan und die Herausforderungen der Moderne: Die päpstlichen Nuntiaturen zwischen Wiener Kongress und Zweitem Weltkrieg

Mit Unparteilichkeit meinen wir die „Beurteilung der Dinge nach Wahrheit und Gerechtigkeit, wobei Wir aber, wenn es sich um öffentliche Kundgebungen Unsererseits handelte, der Lage der Kirche in den einzelnen Ländern alle nur mögliche Rücksicht angedeihen ließen, um den Katholiken dortselbst vermeidbare Schwierigkeiten zu ersparen“.

Papst Pius XII. (1945)

Entwicklungen bis zum Ersten Vatikanischen Konzil

Untertan Napoleons

In den Umbruchjahren zwischen Französischer Revolution und dem Wiener Kongress bestanden formal nur sechs Nuntiaturen, nämlich in Spanien, Österreich, der Schweiz, Portugal, Turin und Florenz. Der Nuntius für die Schweiz residierte in der Zeit von 1798 bis 1803 aus Gründen seiner persönlichen Sicherheit übrigens außerhalb des Schweizer Gebietes. Die sechs Nuntiaturen blieben bestehen, obwohl der Kirchenstaat schon 1797 von Kaiser Napoleon aufgehoben wurde.

Pius VII. versuchte vergeblich, Napoleon zur Wiederherstellung des Kirchenstaates zu bewegen Dafür nahm Pius Demütigungen und später sogar die Gefangenschaft in Kauf.

Für Verhandlungen um ein Konkordat mit Frankreich wurde Consalvi als päpstlicher Unterhändler nach Paris gesandt. Er hatte die augenscheinlich wechselhafte und launisch wirkende Gemütverfassung Napoleons als „vorbedachte Spontaneität" („spontaneità riflessiva") durchschaut. Consalvi erinnerte sich auch, dass sich Napoleon noch am 2. Juli 1798 in Alexandrien den „Völkern Ägyptens" als wahrer Freund der Moslems angebiedert und versprochen hatte, das Papsttum zu vernichten.

1801 kam es unter dramatischen Verhältnissen und Machtproben zwischen Consalvi und Napoleon zu Konkordatsverhandlungen. Als Consalvi sich weigerte, einen von Napoleon veränderten Entwurf zu unterschreiben, stellte dieser Consalvi auf einem Festdiner vor mehreren Hundert Gästen bloß. Consalvi erinnerte sich:

> „Kaum hatte mich der Erste Konsul erblickt, als er, hochrot im Gesicht, mich in wegwerfendem und lautem Ton anschrie: ‚Nun wohl, Herr Kardinal, Ihr wolltet den Bruch! Meinetwegen. Ich brauche Rom nicht. Ich handele nach meinem Gutdünken. Ich habe den Papst nicht nötig. Wenn es Heinrich VIII., der nicht den zwanzigsten Teil meiner Macht besaß, gelang, die Religion in seinem Land zu ändern, wie viel mehr wird mir dies möglich sein! Wenn ich die Religion in Frankreich ändere, werde ich sie in fast ganz Europa ändern, überall da, wohin mein Einfluss reicht. Rom wird die von ihm angerichteten Schäden zu spüren bekommen. Es wird darüber Tränen vergießen, aber es wird keine Rettung mehr geben. Ihr könnt abreisen, dies ist das Beste, was zu tun übrigbleibt. Da Ihr den Bruch wolltet, so bleibe es dabei.'"

Wenig später ging man zu Tisch. Weiter heißt es bei Consalvi:

> „Die Unterhaltung wurde unterbrochen – das Diner war kurz. Man kann sich vorstellen, dass ich nie ein freudloseres Mahl verzehrt habe."

Nach weiteren Verhandlungstagen erreichte Consalvi schließlich, dass seine Formulierungen gewählt wurden und das Konkordat zustande kam. Sein Geist wurde freilich ein Jahr später durch die sogenannten „Organischen Artikel" vom 8. April 1802 zuungunsten des Papstes unterminiert.

Dabei blieb es nicht. 1804 wurde der Papst nach Paris geholt, um als Feigenblatt der Krönung Napoleons zum Kaiser beizuwohnen. Consalvi hatte danach die Aufgabe, dafür zu sorgen, dass das Mitwirken des Papstes nach „französischer Regie" an der Kaiserkrönung in Wien nicht als ein Affront gesehen wurde. Napoleon selbst trug indirekt dazu bei, indem er am 13. Februar 1806 dem Papst schriftlich mitteilte, sich selbst zum „Kaiser von Rom" proklamiert zu haben, und damit den Papst zu seinem Untertan und Diener erklärte.

Göttlicher Friedensauftrag

Weil Papst Pius VII. sich weigerte, in den kriegerischen Auseinandersetzungen in Italien, denen auch Territorien des Kirchenstaates zum Opfer fielen, offen für Napoleon Stellung zu beziehen, setzte Napoleon Pius VII. schließlich fest.

Kardinal Consalvi hatte in der Phase des Untergangs des Kirchenstaates die kriegerischen Handlungen Napoleons als einen Angriff gegen die Souveränität des Papstes angesehen. Als erster löste sich Consalvi von der bisher vertretenen Idee, dass das Engagement des Papstes gar nur um die Einheit der katholischen Religion bemüht sein darf. Er hatte deutlich gegenüber Napoleon die Souveränität des Papstes gefordert und für den Papst einen „göttlichen Friedensauftrag" abgeleitet.

Damit hatte Consalvi wesentlich zur Entwicklung jenes universalen und überparteilichen päpstlichen Amtsideals beigetragen, wie es später etwa von Leo XIII. unter Reichskanzler Fürst Otto von Bismarck (1815–1898, 1871–1890 Reichskanzler) sowie von Benedikt XV. (1914–1922) und Pius XII. (1939–1958) während der beiden Weltkriege im 20. Jahrhundert mit entschiedener Konsequenz und ohne Rücksicht auf das eigene Ansehen ausgeübt wurde.

Pius VII. protestierte diplomatisch aber deutlich. Napoleon annektierte schließlich den Kirchenstaat und besetzte am 2. Februar 1808 Rom. Pius VII. reagierte mit der Exkommunikation Napoleons im Juni 1809, woraufhin Napoleon den Papst im Juli 1809, auf der Seefeste Savona gefangensetzen ließ. 1811 wurde Pius VII. nach Fontainebleau gebracht, um am 25. Januar 1813 das Konkordat von Fontainebleau zu unterzeichnen, das u. a. den Verzicht des Papstes auf den Kirchenstaat enthielt. Am 24. März 1813 widerrief Pius VII. jedoch aus Gewissensgründen. Weitere Demütigungen blieben dem Papst aufgrund des Sturzes Napoleons erspart. Im März 1814 wurde die Freilassung des Papstes verfügt, am 25. Mai 1814 zog er nach fünfjähriger Verbannung im Triumph in Rom ein.

Trotz seiner persönlichen Demütigungen war es auch Zeichen des neuen überparteilichen Friedensamtes des Papstes, dass Pius VII. Napoleons Mutter und weitere Verwandte in Rom und im Kirchenstaat als Gäste aufnahm und ihm selbst ins Exil auf St. Helena einen Geistlichen schickte.

Der Doyen

Bemerkenswerterweise haben – nicht nur im Zeitalter der Aufklärung und in der napoleonischen Ära – die Päpste immer protestiert, wenn man ihren Gesandten, den Gesandten des „Stellvertreters Christi“, schlecht behandelte. Dahinter verbarg sich über alle Jahrhunderte hinweg der Anspruch, dass der Papst nicht einfach nur ein Staatsoberhaupt ist, sondern als religiöses Oberhaupt eine herausgehobene Rolle innehat, in der die Päpste selbstverständlich auch von ihren Gesandten vertreten werden.

Aus dieser besonderen Tradition heraus gelang es dem päpstlichen Legaten auf dem Wiener Kongress 1815, Consalvi, ebenfalls eine herausragende Rolle einzunehmen. Und nicht nur das: Consalvi gelang es, dass den päpstlichen Nuntien nach Artikel 4 des Protokolls vom 9. Juni 1815 die Stellung des Doyens im Diplomatischen Korps zugewiesen wurde. Letztlich war es eine Bestätigung ihrer bisher praktizierten völkerrechtlichen Anerkennung. Aber es bedeutete für die Zukunft, dass an den meisten Höfen Europas der päpstliche Vertreter nun der Doyen war. In den meisten europäischen Ländern ist dies bis heute so geblieben.

Für die Erhebung des päpstlichen Nuntius zum Doyen des Diplomatischen Korps war Consalvis erfolgreicher Kampf für die Wiederherstellung des Kirchenstaates in seinen alten Grenzen Voraussetzung.

Es erstaunt nicht, dass Consalvis Forderungen zur Restauration des Kirchenstaates ausgerechnet bei den nichtkatholischen Mächten wie Preußen oder England große Zustimmung erhielt. Über Wilhelm von Humboldt (1767–1835), den preußischen Gesandten, bemerkte Consalvi:

> „Was mich besonders tröstet, ist die Tatsache, dass Baron von Humboldt den Heiligen Vater zärtlich liebt. Zudem ist er derjenige, welcher sich als loyal erwiesen hat."

Und auch der russische Bevollmächtigte auf dem Wiener Kongress war voller Bewunderung für die Tugenden des Papstes.

Konkordatsverhandlungen in Europa

Nach Konkordatsverhandlungen, die vom bewährten Diplomaten Kardinal Consalvi geführt wurden, konnten in Frankreich (1817), Bayern (1818–1934) und in Neapel (1822–1860) wieder Nuntien an den Höfen akkreditiert werden. Im Unterschied zu ihren Vorgängern des 16. bis 18. Jahrhunderts durften sie ihre geistlichen Jurisdiktionsrechte nur noch in Ausnahmefällen und dann auch nur mit ausdrücklicher Genehmigung der jeweiligen Regierungen wahrnehmen.

Nuntiaturgründungen in Europa und Südamerika

Zu einer neuen Welle von Nuntiaturgründungen kam es ab 1829. König Pedro I. (1798–1834, 1822 bis 1831 Kaiser von Brasilien und als Peter IV. 1826 König von Portugal) hatte 1824 den Katholizismus als Staatsreligion in Brasilien anerkannt und schickte noch im gleichen Jahr einen Geistlichen als seinen Unterhändler zu Konkordatsverhandlungen nach Rom. Als 1825 Portugal auf Drängen Englands nach jahrzehntelangen Freiheitskämpfen die Unabhängigkeit Brasiliens anerkannte, wünschte Papst Leo XII. (1823–1829) vergeblich die Entsendung eines Nuntius. Erst Pedro II. (1825–1891; 1831–1889 Kaiser von Brasilien) ermöglichte während des kurzen Pontifikats von Pius VIII. (1829–1830) im Jahre 1829 die Errichtung der ersten Nuntiatur in Amerika. Erster Nuntius in Rio de Janeiro war Titularerzbischof Pietro Ostini (1775–1849).

In den folgenden Jahren kam es in Europa noch zur Einrichtung von Nuntiaturen in den Niederlanden (1829) und in Belgien (1835). 1836 wurde von Papst Gregor XVI. (1831–1846) in Kolumbien die zweite amerikanische Nuntiatur gegründet. Es war der Lohn für die Unterstützung der südamerikanischen Unabhängigkeitsbestrebungen, lange bevor auch andere europäische Regierungen sich einschalteten. Auch haben die Päpste bei Machtwechseln in den südamerikanischen Ländern mehrfach als erste die neuen Länder anerkannt (so z. B. Chile 1840). Dahinter verbarg sich das Ziel, größtmögliche Freiheitsrechte für die katholische Kirche zu erlangen. Freilich ein Wunsch, der nicht immer in Erfüllung ging. Die völlige Religionsfreiheit in den jungen Staaten führte nicht selten zur Entfaltung anderer Religionsgemeinschaften und zur Ausbreitung der Freimaurerei, die durch antikirchliche Maßnahmen, insbesondere gegen die katholische Kirche, von sich reden machte.

Neben Brasilien wurden auch in anderen mittel- und südamerikanischen Ländern Konkordatsabschlüsse angestrebt. Dazu entsandten die Päpste außerordentliche Unterhändler, auch Geschäftsträger oder Internuntien genannt.

An die Errichtung von Nuntiaturen in Asien, Afrika und im Süd-Pazifik war in der ersten Hälfte des 19. Jahrhunderts noch nicht zu denken. Diese Erdteile waren zumeist noch Kolonialgebiete und kirchlich als Missionsgebiete eingestuft und deswegen seitens der Kurie mit großem Engagement von der Missionskongregation „de Propaganda Fide“ betreut worden.

Nationalstaat und Unfehlbarkeit

Gerade die Pontifikate Gregors XVI. und Pius' IX. waren durch zunehmende innerkirchliche Zentralisierung gekennzeichnet – ein Phänomen, das man gleichzeitig bei den sich zu Nationalstaaten zusammenschließenden Ländern beobachten konnte. Die Bischöfe in Deutschland, die unter den Veränderungen der Französischen Revolution und ihrer säkularen Folgeerscheinungen ihre episkopalistischen Ziele aufgegeben hatten, setzten dem päpstlichen Zentralismus nur geringen Widerstand entgegen. Allerdings sammelten sie sich unter dem Eindruck nationalstaatlicher Bestrebungen des Jahres 1848 erstmals in einer deutschen Bischofskonferenz, deren Existenz von den meisten Nuntien der zweiten Hälfte des 19. Jahrhunderts ausdrücklich begrüßt wurde. Die päpstliche Kurie befürchtete zu Unrecht nicht nur ein Aufflammen von episkopalistisch-febronianischen Tendenzen, sondern mit der Schaffung eines gemeinsamen Sprachrohrs eine Umgehung der Nuntiatur in München.

Die Ära der Konkordats- und Vertragsabschlüsse mit der Kurie erreichte in Europa einen gewissen Höhepunkt mit dem österreichischen Konkordat 1855, das dem Josephinismus in Österreich durch wesentliche staatliche Zugeständnisse ein eindeutiges Ende gesetzt hat.

Das Erste Vatikanische Konzil

Im Zusammenhang mit dem kurialen Zentralismus ist auch das Erste Vatikanische Konzil (1869–1870) zu sehen, auf dem u. a. am 11. und 18. Juni 1870 nach langwierigen Verhandlungen das sogenannte Unfehlbarkeitsdogma (Infallibilitätsdogma) verkündet wurde. Bei Lehrentscheidungen („ex cathedra“) sollte der Papst kraft seiner höchsten Apostolischen Amtsgewalt eine Lehre über Glauben oder Sitten verkünden können, die dann für die Kirche unabänderlich sei. Das Konzil wurde nie zu Ende geführt, denn drei Monate nach der Abstimmung über das Dogma besetzten im Zuge des piemontesischen Eroberungskrieges, der zur italienischen Einigung führte, am 20. September 1870 Truppen aus Piemont die Stadt Rom; der Kirchenstaat war damit faktisch untergegangen.

Zwar hatte der junge italienische Staat über ein halbes Jahr nach seiner Gründung dem Papst in dem sogenannten Garantiegesetz vom 13. Mai 1871 als Ersatz für die nun ausbleibenden päpstlichen Einkünfte aus dem Kirchenstaat eine jährliche Zahlung von 3,25 Millionen Lira angeboten, doch hat Pius IX. das Geld nie angenommen; er befürchtete, damit die italienischen Einigungsbestrebungen indirekt zu billigen.

Papstdiplomatie nach Untergang des Kirchenstaates

Grundlagen päpstlicher Souveränität

Schon 1861 hatte einer der bedeutendsten Kirchenhistoriker seiner Zeit, Johann Joseph Ignaz von Döllinger (1799–1890), in einem Vortrag die Notwendigkeit des Kirchenstaates als Grundlage der päpstlichen Souveränität bestritten. Angesichts eines fehlenden Territoriums mit Ende des Kirchenstaates 1870 erschien manchen Staaten der Heilige Stuhl nicht mehr als weltlicher Souverän, sondern nur noch als kirchliche Autorität. Umstritten war seitdem unter Staatsrechtlern, Kanonisten, Theologen und Politikern die Frage, inwieweit der Papst und seine Repräsentanten in der ganzen Welt noch Völkerrechtssubjekt waren oder gar bis heute noch sind.

Aus heutiger Sicht trug der Verlust des Kirchenstaates dazu bei, dass das Papsttum, von den Hemmungen und Sorgen weltlicher Territorialpolitik befreit, nun alle seine Bemühungen mit um so größerer Deutlichkeit auf die Erlangung der kirchlichen Ziele konzentrieren konnte.

Für die Kurie bestanden auch nach der Katastrophe von 1870 niemals Überlegungen, die bestehenden sechs Nuntiaturen in Westeuropa und Südamerika aufzugeben. Im Gegenteil: Papst Pius IX. (1846–1878), der „Gefangene im eigenen Hause" – wie er sich selbst bezeichnete –, strebte nach einer ersten Konsolidierung des auf den Vatikanhügel zurückgedrängten päpstlichen Hofes die Gründung neuer Nuntiaturen an. Mit Erfolg wurden 1877 in den südamerikanischen Ländern Argentinien, Bolivien, Chile, Ecuador, Paraguay, Peru und Uruguay Nuntiaturen eingerichtet. Die Nuntiatur in Mexiko (1864–1865) hielt sich aufgrund revolutionärer Umtriebe nur knapp ein Jahr.

Kulturkampf in Deutschland

Seit 1871 hatte der erste deutsche Reichskanzler Fürst Otto von Bismarck durch antikatholische Gesetzgebung die Kultus- und Jurisdiktionsausübung der katholischen Kirche in Deutschland stark beschränkt. Es mag seiner speziellen Vorstellung eines modernen Staats nicht entsprochen haben, dass eine ganze Bevölkerungsgruppe wie die Katholiken einem fremden Souverän wie dem Papst in Rom unterstünden. Der innenpolitische Kampf mit der Entfernung fast aller katholischen Geistlichen aus den Schulinspektionen, dem Verbot des 1814 wiederbegründeten Jesuitenordens in Deutschland, der Aufsicht und Disziplinierung des Klerus durch den Staat etc., richtete sich aus Bismarcks Sicht gegen eine reichsfeindliche Opposition. Das forderte den Widerstand der Katholiken hervor.

Die Beilegung des sogenannten „Kulturkampfes“ in Deutschland 1891 gilt als eine der „letzten großen Leistungen der klassischen Diplomatie des Abendlandes“ (G. Franz). Es war das Verdienst Papst Leos XIII. (1878–1903), dass keiner der Verhandlungspartner sein Gesicht verlor oder sich in der Rolle des Siegers fühlen konnte. Bismarck brauchte keinen „Gang nach Canossa“ anzutreten, und Leo XIII. konnte die Aggressionen gegen die innere Selbständigkeit der Kirche in Deutschland erfolgreich abwenden. Überhaupt kam in der Person Leos XIII., der 1843 seine Laufbahn mit einer in jeglicher Hinsicht gescheiterten Mission als Nuntius in Brüssel begann, ein Papst auf den Stuhl Petri, der inzwischen jene Eigenschaften besaß, die zu einer erfolgreichen Behauptung und Festigung der Autorität des Papsttums unter den veränderten Verhältnissen besonders geeignet war. Er erweiterte die Anzahl von päpstlichen Nuntiaturen um ganze vier Vertretungen, nämlich 1881 in der Dominikanischen Republik, in Venezuela und auf Haiti sowie 1891 in Luxemburg.

Das Schiedsrichteramt

Geradezu bemerkenswert ist, dass schon bald nach Beilegung des Kulturkampfes in Deutschland Bismarck selbst Papst Leo XIII. im Jahre 1885 das Schiedsrichteramt in der sogenannten Karolinenfrage anbot. Die Karolinen sind jenes Südseearchipel, um dessen Kolonialherrschaft zu dieser Zeit Deutschland und Spanien stritten. Leo entschied, dass Spanien die Souveränität ausüben sollte, Deutschland in Handel, Schifffahrt, Fischerei und Plantagenbau gleiches Recht wie die spanischen Bewohner haben sollte und Häfen anlegen dürfe.

Weltkrieg und Weltkirche

Aber auch Leo XIII. knüpfte an die von seinem Vorgänger Pius IX. betriebene innerkirchliche Politik an. Letzterer stieß mit dem Unfehlbarkeitsdogma auf Widerstand bei vielen Theologen und setzte schon zuvor mit dem sogenannten „Syllabus" von 1864, in welchem er vorherrschende moderne Weltanschauungen zusammenstellen ließ und verurteilte, neue geistige Schranken. Jene Theologen, vor allem Bibelwissenschaftler und Dogmenhistoriker aus Frankreich, England und Italien, die um eine Aussöhnung zwischen katholischem Glauben und den modernen Wissenschaften bemüht waren, wurden als eine geistig theologische Strömung innerhalb der katholischen Kirche vom römischen Lehramt vor allem während des Pontifikats Pius' X. (1903–1914) verurteilt. Im Kampf gegen diese „Modernisten", denen in Deutschland die reformkatholischen Kreise zugerechnet wurden, kam den Nuntien eine besondere Stellung zu. Sie sollten, soweit die Bischöfe dieser Verpflichtung nicht schon nachkamen, die der Häresie Verdächtigen ausfindig machen und der Kurie melden, damit dort ihre Glaubensäußerungen und Schriften von den zuständigen Kongregationen, dem Heiligen Offiz oder der Indexkongregation, geprüft und gegebenenfalls verurteilt würden. Seit 1910 wurde von allen katholischen Geistlichen ein „Antimodernisteneid" verlangt. Der Ausbruch der Ersten Weltkrieges (1914–1918) lenkte zwar das öffentliche Interesse von der Modernismusfrage ab, diese war damit aber noch keineswegs beseitigt.

Gesandtschaftswesen und modernes Kirchenrecht

Die Kodifizierung des katholischen, für die lateinische Kirche gültigen Kirchenrechts im Codex Iuris Canonici (CIC) vom 17. Mai 1917 erbrachte für das päpstliche Gesandtschaftswesen eine einheitliche und auch eindeutige Rechtslage, die im wesentlichen auch in das derzeit gültige Kirchenrecht (CIC 1983) übernommen worden ist:

Legati nati

„Legati nati" waren und sind nur noch Titel für Erzbischöfe; ihnen aber stand kein wirkliches Gesandtenrecht zu (c. 270).

Legati a latere

„Legati a latere" wurden die Kardinäle genannt, die als Vertreter („alter ego") des Papstes auf eine Gesandtschaft geschickt werden konnten. Ihre Vollmachten waren in ihrem jeweiligen päpstlichen Mandat verbrieft (c. 266).

Nuntien und Internuntien

Apostolische Nuntien und Internuntien (ab 1965 heißen sie Pronuntius) waren und sind jene ständigen Gesandten bei obersten Landesregierungen. Sie haben eine doppelte Aufgabe: die diplomatischen Beziehungen zwischen dem Heiligen Stuhl und den weltlichen Regierungen zu pflegen sowie das kirchliche Leben ihrer Sprengel zu beaufsichtigen und dem Papst darüber Bericht zu erstatten. Außerdem können die Nuntien und Internuntien darüber hinaus noch spezielle Fakultäten erhalten. Die Nuntiaturen zerfallen selbst in solche erster Klasse (Madrid, Lissabon, Paris, München und Brasilien) und solche zweiter Klasse (Argentinien,

Peru, Kolumbien). Internuntien residieren in kleineren Staaten wie Holland und Luxemburg. Sie stehen den Nuntien im Rang nach, haben aber dieselben Aufgaben (c. 267). Auf internationalem Parkett stehen Internuntien im Rang eines bevollmächtigten Ministers.

Apostolische Delegaten

Die Apostolischen Delegaten leiten ebenfalls eine ständige Gesandtschaft in bestimmten Ländern, sind aber nur für die kirchliche Aufsicht und Berichterstattung bestimmt. Darüber hinaus können sie weiter persönlich übertragene Vollmachten erhalten (c. 267). Sie haben also keinen diplomatischen Status. Im Jahre 1917, als der Codex Iuris Canonici promulgiert worden war, gab es fünf Apostolische Delegationen in kirchlichen Provinzen, nämlich für die Vereinigten Staaten von Amerika (errichtet 1893), für Kanada und Neufundland (1899), für die Philippinen (1902) und für Mexiko (1904). Die darüber hinaus gegründeten Delegationen waren ausschließlich für Missionsgebiete bestellt und unterstanden deswegen auch nicht dem päpstlichen Staatssekretariat, sondern der Missionskongregation „de Propaganda Fide".

Bis 1917 gab es bereits solche Delegationen für:

- Syrien (errichtet 1762),
- Mesopotamien, Kurdistan und Kleinarmenien (1832),
- Griechenland (1834),
- Ägypten und Arabien (1839),
- Konstantinopel (1868),
- Persien (1874),
- Ostindien (1884),
- Mexiko (1904) und
- Australien (1914).

Später kamen noch die Apostolischen Delegationen hinzu:

- Japan (1919),
- Albanien (1920),
- China (1922),
- Südafrika (1922),
- Lettland mit Litauen und Estland (1922).

Nach dem Zweiten Weltkrieg kamen hinzu:

- Jerusalem und Palästina (1948),
- Mauretanien (1948),
- Laos (1957),
- Malaysia und Brunei (1957),
- Libyen (1965),
- Pazifischer Ozean (1973),
- Mozambique (1974),
- Antillen (1975),
- Sierra Leone (1979),
- Myanmar (bzw. Burma) (1990).

Die Errichtung von Apostolischen Delegationen war in dem Fall von besonderer Bedeutung, wenn seitens des Heiligen Stuhls diplomatische Beziehungen mit den Landesregierungen selbst nicht möglich waren, aber immerhin die katholischen Seelsorger und Bischöfe in dem Apostolischen Delegat einen Ansprechpartner und Koordinator in religiösen Fragen und zur römischen Kurie haben sollten.

Verzicht auf konkurrierende Jurisdiktionsrechte

Eine wirkliche Neuerung im Codex Iuris Canonici des Jahres 1917 gegenüber der bisherigen Praxis war die Bestimmung, dass sämtliche päpstliche Gesandte keine mit der bischöflichen konkurrierende Jurisdiktion mehr ausüben durften (c. 269). Auch wenn sie keine bischöfliche Weihe besitzen, gehen sie im Rang allen Ortsbischöfen vor, die nicht Kardinäle sind. In der Regel bekleideten jedoch nach wie vor selbst die Internuntien die Würde eines Titularbischofs. Die Nuntien mit Bischofsweihe können in allen Kirchen ihres Sprengels, mit Ausnahme der Kathedralen und Bischofskirchen, ohne Erlaubnis des Ordinarius das Volk segnen und den Pontifikalgottesdienst abhalten (c. 269).

CIC 1917 und CIC 1983 im Vergleich

Schon das von Papst Paul VI. (1963–1978) vier Jahre nach dem Konzil promulgierte Motu Proprio „Sollicitudo Omnium Ecclesiarum" vom 24. Juni 1969 befasste sich mit den Wünschen der Teilnehmer des Zweiten Vatikanischen Konzils (1962–1965), die Aufgaben der päpstlichen Gesandten genauer abzugrenzen und zu umschreiben. Die dort unterbreiteten Vorschläge gingen schließlich auch in den CIC von 1983 ein.

Der wesentliche Unterschied zwischen den Bestimmungen des Codex Iuris Canonici von 1917 zu denen des von Papst Johannes Paul II. (1978–2005) promulgierten Codex von 1983 (c. 362–367) besteht darin, dass den innerkirchlichen Aufgaben der päpstlichen Gesandten mit aller Deutlichkeit der Vorrang vor ihrer diplomatischen Funktion als diplomatische Vertreter des Apostolischen Stuhl bei den Regierungen zugesprochen wird. Hier wurde einmal mehr das von Giovanni Battista Montini, dem späteren Paul VI., geäußerte Diktum aus dem Jahre 1937 umgesetzt, das lautete:

> „Noch vor ihrer Aufgabe als Organe korrekter Beziehungen zu den bürgerlichen Gesellschaften sind die Nuntiaturen Werkzeuge innerkirchlicher Einheit; sie zielen nicht darauf ab, den Episkopat zu unterdrücken oder ihm seine Aufgaben streitig zu machen, sondern sollen ihn bestärken gegen die Widerstände oder Übergriffe staatlichen Unverständnisses oder Ehrgeizes."

Darüber hinaus bekräftigte der CIC/1983 den Verzicht auf konkurrierende Jurisdiktionsrechte zwischen Nuntius und Ortsbischöfen, um das Verhältnis zum Papst nicht unnötig zu belasten. Der Nuntius fungierte als Stellvertreter und sollte Mittler zwischen Papst und Bischöfen sein, und nicht wie ein Disziplinarvorgesetzter agieren.

Diktaturen, Faschismus und Kommunismus

Während des Pontifikats Pius' X. wurden 1908 nur noch in Costa Rica, Honduras und Nicaragua neue Nuntiaturen errichtet. Schon Anfang des 20. Jahrhunderts nahm der Heilige Stuhl dennoch seinen seit 1622 verfolgten Auftrag, Weltkirche zu werden, stärker in den Blick. Schon der Erste Weltkrieg machte deutlich, wie schnell ein Konflikt zwischen europäischen Staaten plötzlich die ganze Welt erfasste.

Der Erste Weltkrieg war für Papst Benedikt XV. (1914–1922) eine große Herausforderung. Unentwegt kämpfte er mittels seiner europäischen Nuntien für einen gerechten Frieden, immer in Sorge, in den Verdacht zu geraten, die eine oder andere kriegführende Partei zu begünstigen. Ein wichtiger Ansatz, das Vertrauen aller Mächte zu erlangen, waren die von den päpstlichen Nuntien mit Erfolg erwirkten humanitären Aktivitäten im Kriegsalltag. Nicht nur die Zivilbevölkerung profitierte davon, auch um die Kriegsgefangenen bemühten sich die päpstlichen Gesandten Europas.

Die politischen Veränderungen durch den Ersten Weltkrieg und dessen Folgen bildeten für die Päpste des 20. Jahrhunderts eine besondere Herausforderung. Papst Benedikt XV. waren durch den Weltkrieg und die Ablehnung seiner Friedensbemühungen seit Beginn seines Pontifikats die Hände gebunden, um segensreich für die Kirche zu wirken.

An der Pariser Friedenskonferenz (18. Januar 1919 bis 21. Januar 1920) zur Beendigung des Ersten Weltkriegs nahm der Heilige Stuhl nicht teil. So war der Heilige Stuhl an der Neugestaltung der politischen Landschaft in Europa nicht beteiligt. Politisch gesehen setzte sich der Heilige Stuhl damit zunächst ins Abseits, doch der Papst vermied umgekehrt eine einseitige Vereinnahmung und konnte seine Neutralität und Überparteilichkeit weiter unter Beweis stellen. Mit großem Engagement konzentrierte sich der Heilige Stuhl deswegen auf eine Verbesserung seiner bilateralen Beziehungen und knüpfte diplomatische Beziehungen.

Immerhin konnten auf geheimdiplomatischem Wege durch den päpstlichen Gesandten Bonaventura Ceretti (1872–1933) fruchtbare offiziöse Kontakte zu den Gesandten der verschiedenen Länder aufgenommen werden. Außer beim Deutschen Reich konnte Benedikt XV. noch in Polen 1919 eine Nuntiatur einrichten, die bis 1939 bestand. Der in Polen wegen seiner konsequenten Unparteilichkeit unbeliebte Nuntius (1918–1921) Achille Ratti (1857–1939) trat 1922 Benedikts Nachfolge als Papst Pius XI. an. Pius XI. knüpfte bei Amtsübernahme bewusst an die Konkordatsofferten Benedikts an, die dieser in der Allokution vom 21. November 1921 angekündigt hatte. Darin hatte der Papst grundlegende Ausführungen gemacht, mit denen sich jene Staaten auseinandersetzen mussten, die sich auf Konkordatsterritorien neu konstituiert oder wegen Grenzverschiebungen Gebiete vereinnahmt hatten, in denen bisher ein Konkordat gültig war.

Pius XI. trat vor allem mit den Nachfolgestaaten der zerfallenen Donaumonarchie in Konkordatsverhandlungen. Nach erfolgreichen Konkordatsverhandlungen im Jahre 1920 mit der Tschechoslowakei, Jugoslawien und Ungarn konnten auch dort Nuntiaturen eingerichtet werden. Ebenfalls 1920 errichtete der Heilige Stuhl eine Nuntiatur in Rumänien sowie ferner in den ersten Pontifikatsjahren

Pius' XI. einige der bereits erwähnten Apostolischen Delegaturen. Auf dem amerikanischen Kontinent konnten in El Salvador (1922) und Panama (1923) Nuntiaturen eröffnet werden.

Bis zum Ende des Zweiten Weltkrieges (1939–1945) wurden weitere päpstliche Nuntiaturen oder Internuntiaturen eingerichtet in:

- Deutschland (1925),
- Italien (1929),
- Lettland (1926–1940),
- Liberia (1927),
- Litauen (1927–1940),
- Irland (1929),
- Estland (1933–1940),
- Kuba (1935),
- Guatemala (1936),
- Slowakei (1939–1945).

Damit existierten weltweit 33 diplomatische Vertretungen des Heiligen Stuhls, die freilich nicht alle über den Krieg hinaus Bestand hatten.

Frankreich nach der Trennung von Kirche und Staat

Seit dem Eingreifen Leos XIII. und Pius' X. in innerkirchliche Verhältnisse in Frankreich wurde der von französischer Seite geführte Kampf gegen die katholische Kirche offenbar. Er stand dem Bismarckschen Kulturkampf kaum nach. Nach einem raffinierten Vereinsrecht, das für die männlichen Orden und Kongregationen in Frankreich das Ende bedeutete, brachte der Streit um das Nominationsrecht bei der Wahl der Bischöfe 1904 den Abbruch der diplomatischen Beziehungen zwischen Frankreich und dem Heiligen Stuhl mit sich. Hatte das französische Konkordat vom 18. April 1802 zwischen Napoleon I. und Pius VII. eine seit dem Avignonesischen Papsttum nicht mehr dagewesene enge Beziehung zwischen der Kirche Frankreichs und der römischen Kurie gebracht, so gewann mit dessen Aufkündigung zum 1. Januar 1906 die französische Kirche an innerer Freiheit.

Ein Sonderfall trat ein für die Provinzen Elsass und Lothringen. Als sie 1871 zu Deutschland kamen, beließ Bismarck hier die Weitergeltung der Bestimmungen des napoleonischen Konkordats. Nach dem Ersten Weltkrieg (1918) kamen die zwei Provinzen wieder an Frankreich. Die Neubesetzungen der Bischofsstühle in Straßburg und Metz im Jahre 1921 führten schließlich zur Wiederaufnahme der diplomatischen Beziehungen zum Heiligen Stuhl, mit dem Erfolg, dass nun in ganz Frankreich die Ordensleute in ihre Häuser zurückkehren konnten. Die sogenannten Laiengesetze, die die Trennung von Kirche und Staat besiegelten, blieben zwar bestehen, wurden aber nicht mehr angewandt. Es konnten sogar eigene Schulen von der Kirche unterhalten werden. Doch verbesserte die Wiederaufnahme der diplomatischen Beziehungen mit dem Vatikan weder die materielle Situation, noch war im entferntesten von französischer Seite die Möglichkeit erwogen worden, das napoleonische Konkordat von 1802 wieder aufleben zu lassen.

Mit dem Teufel verhandeln

Für die grundsätzliche Verhandlungsbereitschaft der Päpste des 20. Jahrhunderts mit den totalitären Regimen der bolschewistischen Sowjetunion und des nationalsozialistischen Deutschlands war ein im halbamtlichen vatikanischen Presseorgan „Osservatore Romano“ am 16. Mai 1929 zitierter Ausspruch Pius’ XI. charakteristisch. Dort hieß es:

> „Wenn es darum ginge, einige Seelen zu retten, größere Übel zu verhindern, würden Wir auch den Mut haben, mit dem Teufel in Person zu verhandeln.“

Geheimverhandlungen mit der Sowjetunion

Gegenüber dem unter Wladimir Iljitsch Lenin (1870–1924) und Leo Trotzki (1879–1940) in der Oktoberrevolution (6./7. November) 1917 kommunistisch gewordenen Russland bzw. der späteren Sowjetunion gab es insgesamt drei vatikanische Vorstöße zur Anknüpfung diplomatischer Beziehungen. Ein erster Versuch war während schrecklicher Hungersnöte 1921 gestartet worden, als auch andere Staaten Hilfsaktionen für die Zivilbevölkerung durchführten. Wegen des italienischen Einspruchs konnte sich der Vatikan zwar selbst nicht direkt an den internationalen Hilfsaktionen beteiligen, sondern musste eigene Wege gehen. Dazu waren direkte Kontakte mit sowjetischen Dienststellen nötig. So kam es am 18. Dezember 1921 in Rom zu einem ersten vatikanisch-russischen Abkommen, das über rein technische Beschreibungen der Hilfsaktion hinausging. Es gestattete dem Vatikan die Entsendung von „missionnaires“, die Schulen einrichten und Religionsunterricht erteilen durften. Als das Abkommen am 12. März 1922 im Vatikan unterzeichnet werden sollte, wurden aus den „missionnaires“ einfache „Abgesandte“ (envoyés). Immerhin konnte von Juli 1922 bis September 1924 eine aus 13 Patres bestehende vatikanische Mission in mehrere russische Städte entsandt werden, die, trotz verschärfter Kirchenverfolgung, geringe Chancen bot, der Unterdrückung der Seelsorge ein wenig entgegenzuwirken.

Als die Sowjetunion 1922 zum ersten Mal zur Weltwirtschaftskonferenz nach Genua eingeladen worden war, richtete der Heilige Stuhl ein Memorandum an die Konferenzteilnehmer, dass Russland nur aufgenommen werden sollte, wenn volle Gewissensfreiheit, Freiheit der privaten und öffentlichen Ausübung der Religion bestünde und die Kirche den enteigneten Grundbesitz zurückerhielte. Kein Staat folgte den Wünschen des Heiligen Stuhls; dieser hatte aber alle teilnehmenden Staaten ermahnt, auch im eigenen Land die Rechte der katholischen Bevölkerungsteile auf freie Religionsausübung zu garantieren.

Von 1923/24 bis Dezember 1927 zogen sich zum dritten Mal Verhandlungen mit Russland hin. Diesmal sollte die Sowjetunion Gegenleistungen anbieten für den Fall, dass der Vatikan die Sowjetunion voll anerkennen und der Austausch ständiger diplomatischer Vertreter möglich werden würde. Die Verhandlungen liefen teilweise über den deutschen Nuntius Eugenio Pacelli (1876–1958) und späteren Papst Pius XII. (seit 1939), der 1925 die Einsetzung von Bischöfen und freien Religionsunterricht innerhalb der Kirchenräume als unabdingbar forderte. Die schroffe Ablehnung dieses Vorschlags durch die Sowjets veranlassten Pius XI., die Verhandlungen mit Russland abzubrechen. Nur auf Drängen von Kardinalstaatssekretär Pietro Gasparri (1914–1930) und Nuntius Pacelli kam es 1927 zu einem letzten Angebot. Wenn Priesterseminare eingerichtet würden und der Vatikan Geistliche nach Russland schicken dürfe, sollte die Ernennung der russischen Bischöfe auch von der Zustimmung der kommunistischen Regierung abhängig gemacht werden. Auch dieses Angebot wurde abgelehnt. Pius XI. stellte die diplomatischen Verhandlungen ein, so lange Russland weiterhin Kirchenverfolgung betreibe.

Die Lateranverträge

Der bedeutendste diplomatische Erfolg für die päpstliche Kurie seit der faktischen Aufhebung des Kirchenstaates war der Abschluss der Lateranverträge am 11. Februar 1929. Damit war die sogenannte „Römische Frage“, also die Frage nach der Zukunft des römischen Papsttums, gelöst worden. Nach dem Ersten Weltkrieg hatte die „Römische Frage“ für den italienischen Staat keine erstrangige Bedeutung. Es war nun eher möglich, Kompromisse einzugehen. Seitens des Vatikans war schon unter Benedikt XV. Verhandlungsbereitschaft mit Italien signalisiert worden.

Die Herrschaft des italienischen Ministerpräsidenten Benito Mussolini (1922–1943) vermittelte zwar ein sehr zwiespältiges Bild und ließ die Kurie erst einmal vorsichtig abwarten, wie auf vordergründige Kirchenfreundlichkeit und zugleich menschenverachtende Gewalt durch bewaffnete Stoßtrupps zu reagieren war. Im Januar 1923 kam es aber zu einem geheimen Treffen zwischen Mussolini und dem Kardinalstaatssekretär Gasparri. Als Mussolini 1925 nach Überwindung der Matteotti-Krise den Ausbau seines faschistischen Regimes, das bis 1943 andauerte, begann, berief seine Regierung für die Revision des Staatskirchenrechts eine Kommission ein, die den päpstlich-kurialen Interessen weit entgegenkam und vom italienischen Episkopat begrüßt wurde. Pius XI. lehnte die Ergebnisse der Kommission jedoch ab.

Über die Lateranverträge ist – wenn auch nicht kontinuierlich – mehr als zweieinhalb Jahre, vom 5. August 1926 bis 10. Februar 1929, geheim verhandelt worden. Voraussetzungen für die Aufnahme der Verhandlungen waren zum einen, dass der Heilige Stuhl das Ende des Kirchenstaates akzeptierte, und zum anderen Italien dem Vatikan die absolute Souveränität zugestand.

Die Lateranverträge bestehen aus drei Teilen:

- dem Staatsvertrag („Trattato di Stato"), der die Rechtsgrundlage für den Vatikanstaat („Stato della Città del Vaticano") schuf,
- dem Konkordat („Concordato"), das die Beziehungen zwischen Kirche und Staat in Italien bis auf den heutigen Tag regelt, und
- dem Finanzabkommen („Convenzione finanziaria"), das Entschädigungen für den Verlust des Kirchenstaats im Zuge der italienischen Einigungsbewegung des 19. Jahrhunderts zusicherte sowie verschiedene Vereinbarungen über Post-, Telefon-, Telegraf-, Zoll-, Münzwesen etc. enthielt.

Das päpstliche Gesandtschaftswesen wurde in Artikel 12 des Konkordats berührt. Dieser Artikel anerkannte das aktive und passive Gesandtschaftsrecht des Heiligen Stuhls. Das bedeutete, dass der Apostolische Stuhl Gesandte entsenden konnte und umgekehrt Gesandte anderer Regierungen bei ihm akkreditiert werden konnten. Auch Italien erhielt daraufhin noch im Jahre 1929 eine Nuntiatur und sandte umgekehrt einen Botschafter an den Vatikan.

Der Vatikan konnte mit den Lateranverträgen historischen Ballast abwerfen und stand mit der sogenannten „Versöhnung" („Conciliazione") von 1929 wirtschaftlich auf eigenen Füßen. Umgekehrt stärkten die Verträge das faschistische Regime und damit die Diktatur. Die Hoffnung Pius' XI., dass Italien wieder ein katholischer Staat werde, erfüllte sich nicht. Immerhin konnte die innerkirchliche Erneuerungsbewegung „Katholische Aktion" zunächst ungehindert durchgeführt werden, die den Jugend- und Studentengruppen besonderen Auftrieb gab. Aber schon 1931 kam es zu ernsten Konflikten zwischen Papst und Mussolini. Nach einem Notenwechsel wandte sich Pius XI. am 29. Juni 1931 in der Enzyklika „Non abbiamo bisogno" gegen die Zerschlagung der Jugendverbände und die Versuche einer faschistischen Jugenderziehung in einer „Ideenwelt, die sich erklärtermaßen in eine wahre und eigentliche Staatsvergottung heidnischen Charakters auflöst".

Die – in Anlehnung an die „Conciliazione" von 1929 – gelegentlich als „Reconciliazione" bezeichnete Einigung zwischen Mussolini und Pius XI. ging einher mit dem Verzicht auf eine autonome kirchliche Regelung, denn das neue Abkommen beschrieb Organisation und Aufgaben der konkordatär geschützten Verbände. Der faschistische Staat hatte seine Ziele weitestgehend durchgesetzt: Die italienische Katholische Aktion wurde in 250 juristisch voneinander unabhängige Diözesanverbände eingeteilt. Gewerkschaftsähnliche Aufgaben wurden völlig untersagt. In ihrer sozialen Bildungsarbeit mussten die faschistischen Ideale vermittelt werden. Ihre Jugendgruppen konnten unter neuem Namen wiederaufleben. Einzig religiöse Ziele durften verfolgt werden. Auf den gemeinschaftsfördernden Sport musste ganz verzichtet werden.

1938 kam es zu einer erneuten Krise, die Staat und Kirche noch weiter auseinandertrieb. Anlass war die von Italien seit der deutsch-italienischen Annäherung (seit 1933) betriebene Übernahme des nationalsozialistischen Rassengedankens und des damit verbundenen Antisemitismus. Der Rassismus stieß im Kirchenvolk auf Ablehnung und wurde vom Papst entschieden verurteilt. Vor allem als das italienische Ehegesetz unter dem rassischen Gesichtspunkt novelliert wurde, drängte die Kurie darauf, dass dieses nicht mit den Lateranverträgen vereinbar sei, also eine Konkordatsverletzung begangen worden sei. Zwar konnte die Kurie mit ihrem Protest das neue Ehegesetz nicht verhindern, aber immerhin das Kirchenvolk auf ihre Seite ziehen und somit zu einem verstärkten Problembewusstsein und für eine Solidarität gegen den Rassismus beitragen.

Spanischer Bürgerkrieg und die Diktatur Francos

In Spanien war die katholische Konfession 1876 als Staatsreligion in die Verfassung aufgenommen. Doch lösten sich nach dem Tode König Alfons' XII. (1874–1885) liberale und konservative Regierungen im schnellen Wechsel ab und trugen zu einer großen Unruhe im Volke bei, ohne dass ein politischer, gesellschaftlicher, wirtschaftlicher oder kirchlicher Ausgleich hätte geschaffen werden können. Von den kirchlichen Einrichtungen waren es vor allem die Klöster, die sich zuvor in ihrer Bildungsarbeit und in den Schulen für die Ziele der spanischen Krone eingesetzt hatten. Die katholischen Schulen wurden nun aber als Konkurrenz empfunden und galten als monarchistisch, weswegen gegen sie ein kirchenpolitischer Kampf begonnen wurde.

1901 wurden durch ein Dekret alle nicht im Konkordat von 1851 privilegierten religiösen Gemeinschaften dem staatlichen Vereinsgesetz unterstellt und mit Gewerbesteuer belegt. Schon Ministerpräsident Antonio Maura (1907–1909) machte diese Verordnungen rückgängig. Doch 1910 wurden durch den liberal-demokratischen Ministerpräsidenten José Canalejas Méndez (1910–1912) die ordensfeindlichen Dekrete von 1901 wieder in Kraft gesetzt und zum Beispiel durch das sogenannte Vorhängeschlossgesetz („Ley de Candado") antikirchliche Maßnahmen ergriffen sowie darüber hinaus auch der spanische Botschafter am Heiligen Stuhl abberufen. Eine Versöhnung der Katholiken mit der Krone erfolgte erst, als König Alfons XIII. (1902–1931) 1911 beim Eucharistischen Kongress in Madrid eine Weiheformel an das heiligste Herz Jesu verlas und 1919 die Weihe feierlich wiederholte.

Nach Anwachsen der katalanischen Unabhängigkeitsbewegung ergriff General Primo de Rivera (1923–1930) die Macht in Spanien. Seine Herrschaft galt als kirchenfreundlich. Auch wenn er, wie etwa bei der Versetzung des Bischofs von Barcelona nach Mallorca, in innerkirchliche Angelegenheiten eingriff, waren in umfangreichem Maße kirchliche Einrichtungen wieder zugelassen worden. Nach Primo de Riveras Rücktritt entbrannte in der „Zweiten Republik" ein um so härterer Kirchenkampf. Am 11. Mai 1931 brannten die Klöster. Bischöfe wurden des Landes verwiesen. Die neue Verfassung von 1931 trennte mit aller Schärfe Kirche und Staat. Der Jesuitenorden wurde in Spanien verboten und sein Besitz vom Staat eingezogen, weil seine Mitglieder angeblich einer ausländischen Macht, womit der Papst gemeint war, gehorchten. Der sich breit machende Antiklerikalismus galt als Einladung zum Bürgerkrieg zwischen dem kirchlichen und dem liberalen Spanien. Pius XI. beklagte die kirchenpolitische Lage in Spanien in der Enzyklika „Dilectissima Nobis" vom 3. Juni 1933, steckte im übrigen aber in dem Dilemma, nichts zur Verbesserung beitragen zu können.

Aus den Wahlen vom 16. Februar 1936 ging in Spanien eine Mehrheit der Vereinigung aller linken Parteien hervor. Auf ihr Konto ging letztlich der Mord am Führer des nationalen Blocks José Calvo Sotelo (*1893) am 13. Juli 1936. Der daraufhin erfolgte Zusammenschluss der politischen Rechten und der Armee unter General Francisco Franco y Bahamonde (Staatschef und Diktator 1938–1975) zum Kampf gegen die marxistische Revolution führte zum Spanischen Bürgerkrieg („Movimiento Nacional"). Die spanischen Bischöfe stellten sich mehrheitlich auf die Seite des nationalen Spanien, in der Erkenntnis, dass der Krieg ein „Kreuzzug für die christliche Religion und die Zivilisation" sei. Zwölf Bischöfe und mehrere Hundert Kleriker und männliche wie weibliche Ordensangehörige wurden in diesem Bürgerkrieg (1936–1939) von linken Kräften ermordet.

Am 28. August 1937 anerkannte der Heilige Stuhl auf Druck Mussolinis General Franco.

Deutschland unter Adolf Hitler

Der Münchener Nuntius Eugenio Pacelli konnte nach dem Ersten Weltkrieg mit großem Erfolg in den deutschen Ländern Bayern (1924), Preußen (1929) und Baden (1932) Konkordate aushandeln, deretwegen der Abschluss eines Konkordats mit dem gesamten Deutschen Reich zurückgestellt wurde. Aber immerhin gelang es dem Heiligen Stuhl, Pacelli 1925 als ersten Nuntius einer deutschen Reichsregierung zu akkreditieren.

Die durch die sogenannte „Nationalsozialistische Revolution" im Januar 1933 herbeigeführte „Machtergreifung" durch die Nationalsozialisten unter ihrem Führer Adolf Hitler (1933–1945 Reichskanzler) ermöglichte der Kurie erstmals den lange herbeigesehnten und bisher von der politischen Linken, dem Protestantismus und auch den Nationalsozialisten verhinderten Abschluss eines für ganz Deutschland gültigen Reichskonkordats. In Rom beurteilte man den Nationalsozialismus zunächst wie den italienischen und spanischen Faschismus als die einzige Rettung vor dem Kommunismus und Bolschewismus. Manche sahen in Reichskanzler Hitler jenen, der Ordnung in die instabile politische Landschaft Deutschlands bringen könnte. Überhört wurden all jene Stimmen, besonders im katholischen Lager, die vor dem Nationalsozialismus und seinem religiös verbrämten Erscheinungsbild warnten.

Die Nationalsozialisten hatten voll Bewunderung das Vorgehen Mussolinis beim Abschluss der Lateranverträge beobachtet. Vor allem war es jener Artikel, der den Priestern eine parteipolitische Betätigung verbot, der bei den Nazis Interesse fand, sah man hierin doch eine Möglichkeit, die zu dieser Zeit von einem Priester geführte katholische Zentrumspartei zu zerschlagen.

Seit dem 10. April 1933, also nach der Auflösung der politischen Parteien im Zuge des Ermächtigungsgesetzes, trat Hitlers Unterhändler Franz von Papen mit dem Kardinalstaatssekretär Pacelli in Konkordatsverhandlungen. Die im Reichskonkordat vom 20. Juli 1933 gemachten Zugeständnisse an die katholische Kirche in Deutschland umfassten den Schutz des in Deutschland sehr typischen Verbandskatholizismus, die Garantie für Religionsunterricht als ordentliches Lehrfach in den Schulen, die freie Besetzung von kirchlichen Stellen und die Sicherung der Ausbildung der Geistlichen an den Universitäten. Dafür verlangte der Staat die erwähnte Entpolitisierung des Klerus, die Zivilehe vor der kirchlichen Trauung und einen Eid der Bischöfe vor einem Regierungsvertreter.

Angesichts des von Hitler ausgeübten Terror-Regimes, das weder vor jüdischen Synagogen noch vor Kirchen haltmachte, bildete das Reichskonkordat zukünftig für die katholische Kirche eine wirksame Verteidigungslinie. Bei Verstößen von militärischen oder paramilitärischen nationalsozialistischen Verbänden gegen kirchliche Belange wurde in bischöflichen Eingaben an die Reichsregierung und im Notenwechsel zwischen der Regierung und den Päpsten Pius XI. und Pius XII. fortan auf das Reichskonkordat verwiesen. Das von Hitler als Prestigegewinn gefeierte Konkordat wurde mit der Zeit zunehmend als lästige Fessel empfunden.

Der nationalsozialistische Kirchenkampf begann bereits im Sommer des Jahres 1933, noch während der Verhandlungen zum Reichskonkordat vom 20. Juli 1933, mit spektakulären Einzelaktionen und setzte sich fort mit einem Frontalangriff gegen die katholische Kirche und die christlichen Werte. Pius XI. reagierte darauf am 14. März 1937 mit einer erstmals in deutscher Sprache veröffentlichten Enzyklika unter dem Titel „Mit brennender Sorge". In dieser Enzyklika hatte der Papst den reinen Gottesglauben der persönlichen „Gottgläubigkeit" der Nazis entgegengesetzt, den reinen Christusglauben gegen die Eliminierung des Alten Testaments durch antisemitische NS-Propaganda gestellt und zur Treue zur universalen Kirche statt einer nationalen Kirche aufgerufen.

Das Erstaunlichste an dieser Enzyklika war aber, dass die Kurie höchst geschickt vorging, um die Geheime Staatspolizei (Gestapo) zu täuschen. Die Gestapo hatte Erkenntnisse, dass der Heilige Stuhl eine Enzyklika gegen den Nationalsozialismus in Vorbereitung hätte. Als am 19. März 1937 aber die Enzyklika „Dilectissima Nobis" gegen den atheistischen Kommunismus erschien, wiegte sich die Gestapo in Sicherheit. Ohne dass seitens des totalitären Staates etwas bemerkt wurde, wurde die Enzyklika „Mit brennender Sorge" gedruckt, verteilt und schließlich am Palmsonntag, dem 21. März 1937, in allen Pfarrkirchen verlesen. Ihre Wirkung war eine Stärkung von Moral und Durchhaltewillen in der katholischen Bevölkerung. Es war die erste Enzyklika, die in Deutschland auch über die Konfessionsgrenzen hinaus größere Beachtung fand.

Päpstliche Geheimdiplomatie im Zweiten Weltkrieg

Die Unparteilichkeit – und nicht etwa die Neutralität – des Vatikans während des Zweiten Weltkriegs (1. September 1939 bis 8. Mai/August 1945) war – wie bereits während des Ersten Weltkriegs – aufgrund der übergeordneten Verantwortung des Heiligen Stuhls für die Gesamtkirche geboten. Darüber hinaus verpflichtete Artikel 24 des Vertrags mit Italien von 1929 den Heiligen Stuhl dazu:

> „Hinsichtlich der ihm auch auf internationalem Gebiete zustehenden Souveränität erklärt der Heilige Stuhl, dass er den weltlichen Streitigkeiten zwischen den anderen Staaten und den ihretwegen einberufenen internationalen Kongressen fernbleiben will und wird, sofern die streitenden Parteien nicht gemeinsam an seine Friedensmission appellieren. In jedem Falle behält er sich jedoch vor, seine moralische und geistige Macht geltend zu machen.
>
> Infolgedessen wird die Vatikanstadt stets und in jedem Falle als neutrales und unverletzliches Gebiet angesehen."

Handlungsspielraum blieb noch bei humanitärer Hilfe für Verfolgte und Notleidende.

Für Pius XII. (1939–1958), der das Papsttum im 20. Jahrhundert zu einem seitdem nicht mehr erreichten Höhepunkt führte, war von Anfang an die Vision eines gerechten Friedens zum „Richtstein für seine Lehrtätigkeit als Bischof der Weltkirche" (Antonio Kardinal Samorè) geworden. Seit Amtsbeginn im März 1939 engagierte sich Pius freilich vergeblich für den Frieden. Nach Kriegsbeginn am 1. September 1939 suchte er Weihnachten 1939 eine Waffenruhe zu erwirken. Bei all seinen Bemühungen setzte Pius XII. auf eine enge Zusammenarbeit mit den übrigen neutralen Staaten, darunter mit den Vereinigten Staaten von Amerika und Italien, bzw. deren Staatschefs Franklin

D. Roosevelt (1882–1945), der 1933 bis 1945 Präsident der USA war, und Benito Mussolini.

Schon im ersten Kriegswinter 1939/40 stand Pius XII. mit der deutschen Militäropposition in geheimen Kontakten mit dem Ziel einer Beseitigung Hitlers. Als 1940 weite Teile Frankreichs an Deutschland fielen und sich das Scheitern der Umsturzpläne der deutschen Militäropposition ankündigte, begannen auch im Vatikan erste Kreise, sich mit einer Hegemonie Deutschlands über ganz Europa abzufinden. Dadurch schien aus vatikanischer Sicht eine päpstliche Friedensinitiative an Hitler im Bereich des Möglichen. Die Berichte des blauäugigen und zuweilen naiven Schweizer Nuntius (1935–1953) Filippo Bernardini (1884–1954) waren Anlass dazu, dass wenige Tage nach dem deutsch-französischen Waffenstillstand in Compiègne vom 22. Juni 1940 Unterstaatssekretär Giovanni Montini (1897–1978), der spätere Papst Paul VI., die Chancen zu Friedensgesprächen sondierte. Sie waren zum Scheitern verurteilt, weil der Kampfeswille Englands längst nicht gebrochen war und Italien sich nicht dafür hergab zu erkunden, welche Absichten Hitler wirklich hegte. Die Rede vor den Mitgliedern des gleichgeschalteten Reichstags am 19. Juli 1940, die von Hitler propagandistisch als „Friedensappell“ bezeichnet wurde, sah der Vatikan für kurze Zeit als ein Zeichen der Hoffnung an. Nach der „Enttäuschung“ im Sommer 1940 unternahm Pius XII. bis zum Ende des Zweiten Weltkrieges von sich aus keine Friedensbemühungen mehr. Allerdings unterhielt der Papst weiterhin geheime Kontakte zu verschiedenen kriegführenden Staaten, darunter sogar zum Nachrichtendienst im Oberkommando der Wehrmacht, der „Abwehr“, welche bis 1944 unter der Leitung von Admiral Wilhelm Canaris (1887–1945) stand.

Pius XII. zog sich zusehends auf seine pastoralen Aufgaben zurück, indem er die Gläubigen zum Gebet für den Frieden ermahnte. Dadurch hatte es Pius vermocht, weiterhin von allen Kriegsparteien und neutralen Staaten als

Gesprächspartner anerkannt zu werden. Sogar Japan bat unmittelbar nach dem Angriff auf die in Pearl Harbor vor Anker liegende amerikanische Pazifikflotte am 7. Dezember 1941 um die Aufnahme diplomatischer Beziehungen. Der amerikanische Präsident wollte Pius XII. davon abbringen; doch Pius XII. überzeugte ihn, dass es für das päpstliche Friedensamt keine andere Möglichkeit gab, als die Beziehungen mit Tokio aufzunehmen.

Der Abwurf einiger Bomben auf die Mosaikwerkstatt des Vatikans und den Gouverneurspalast bei einem britischen Fliegerangriff auf Rom im November 1943 wurde von der nationalsozialistischen und faschistischen Presse enorm hochgespielt, war aber vermutlich ein Versehen und zog wenigstens keine besonderen diplomatischen Konsequenzen nach sich.

Holocaust und Vatikan

Über die Organisation der Judenermordung war der Heilige Stuhl seit dem Frühjahr 1942 informiert und hatte im Gegensatz zu vielen anderen westeuropäischen Staaten die Nachrichten auch als glaubwürdig eingestuft. Im Dezember 1942 gelangte der Heilige Stuhl zu der Ansicht, dass Alte, Kranke und Kinder eben nicht in Arbeitslager, sondern zur Tötung in Vernichtungslager kamen. Pius XII. hatte deswegen in seiner Weihnachtsansprache die Grundrechte für jeden Menschen eingefordert und von „hunderttausend Menschen“ gesprochen, die „ohne eigene Schuld, zum Teil wegen ihrer Nationalität oder Rasse dem schnellen oder langsamen Tod“ ausgeliefert seien.

Im März 1943 kamen aus Preßburg Nachrichten, dass deportierte Juden durch Vergasung getötet wurden und die Leichen zur Seifenfabrikation gelangten. Am 3. April 1943 forderten Rabbiner den Papst zu einer öffentlichen Stellungnahme auf, um der systematischen Ausrottung der Juden Einhalt zu gebieten. Doch das Staatssekretariat hielt einen solchen Appell für unzweckmäßig, weil man glaubte, dass die „antijüdischen Maßnahmen“ noch viel härter durchgeführt würden. Weil die Judenverfolgung ungeahnte Ausmaße annahm, gab der Berliner Bischof (1935–1950) Konrad Graf von Preysing (1880–1950) Anfang 1943 zu bedenken, ob es nicht angebracht sei, mit einer Aufhebung der Berliner Nuntiatur ein unmissverständliches Warnsignal zu geben. Doch Pius XII. lehnte dies ab; er erkannte, dass der kurzfristige propagandistische Nutzen in keinem Verhältnis stehe zu den vielfältigen Aufgaben, die die Nuntiatur als Nachrichtenzentrale für den Episkopat und für die von deutschen Truppen besetzten Gebiete Europas hatte; außerdem war es ungewiss, ob ein Nachfolger wieder hätte akkreditiert werden können.

Eine Einwirkung der päpstlichen Nuntien auf die Rassenpolitik der Nationalsozialisten blieb in Deutschland erfolglos. Auch auf die Fürsprache für verfolgte Juden in Europa im Oktober 1942 und Juli 1943 erhielt der päpstliche Nuntius in Deutschland (1930–1945) Cesare Orsenigo (1873–1946) keinerlei Antwort. Auf seinen Hinweis einer Eingabe der amerikanischen Regierung beim Heiligen Stuhl, dass die Häftlinge in den Konzentrationslagern entsprechend den Bestimmungen der Genfer Konvention zu behandeln seien, reagierte das Auswärtige Amt in Berlin mit Unverständnis und ließ Orsenigo wissen, es handele sich hierbei „offenbar um einen Missbrauch des Vatikans für amerikanische Propagandazwecke.“

Unter Mussolini gab es in Italien keine Judenvernichtung. In Rumänien konnten manche kleine Erfolge erzielt werden. In Ungarn nahm die Judenverfolgung trotz entsprechender Rassegesetze nicht jene Ausmaße an wie in manchen anderen Ländern. Nachdem Pius XII. von dort authentische Berichte über die Verschleppung und Vernichtung der Juden erhielt, hatte er in einem offenen Telegramm am 25. Juni 1944 an den Reichsverweser (1920–1944) Miklós Horthy (1868–1957) gegen die Deportation protestiert. In der Slowakei wurde der Nuntius in die Rolle des Beobachters gedrängt. Gnadenlos wurden die polnischen Juden in dem nach der Teilung Polens geschaffenen Warthegau verfolgt, ohne dass der Vatikan hier etwas hätte ausrichten können. Deswegen konzentrierte der Vatikan schon bald seine Hilfe auf die getauften Juden, da diese seit ihrer Taufe von jüdischen Hilfsorganisationen keine Unterstützung erhielten.

Pius XII. und die Juden Roms

Von Erfolg gekrönt war jedoch Pius' XII. persönliches Engagement zum Schutz der Juden Roms während der Besetzung der Stadt Rom durch deutsche Truppen vom September 1943 bis Juni 1944.

In Rom hatte der deutsche Polizeichef in Rom, SS-Obersturmbannführer Herbert Kappler (1907–1978), am 16. Oktober 1943 um 5.30 Uhr in Rom ein Razzia durchgeführt und 1127 Juden in das Collegio Militare am Fuße des Gianicolo transportiert. Nachdem Pius XII. trotz seiner Intervention den Abtransport nach Auschwitz nicht verhindern konnte, hatte er aber immerhin einvernehmlich mit dem deutschen Botschafter Ernst Freiherr von Weizsäcker (1882–1951), der Schutzbriefe ausgestellt hatte, über 200.000 Italiener, darunter auch ca. 6.000 bis 7.000 Juden in über 200 kirchlichen Einrichtungen innerhalb Roms versteckt.

Weiteren Juden Italiens wurde mittels der päpstlichen Sonderhilfswerke St. Raphael und DELASEM, einer ehemaligen jüdischen Hilfsorganisation mit Sitz in Genua, die Auswanderung ermöglicht. Dazu vermittelte der Vatikan seit den letzten Kriegsjahren Tausende von Pässen der argentinischen und brasilianischen Regierung sowie des Schweizer Roten Kreuzes; eigene Vatikanpässe gab es nicht.

Verantwortungsethiker

Auf der Gratwanderung zwischen Gesinnungs- und Verantwortungsethik entschied sich Pius XII. immerhin dafür, eine Verurteilung des geschehenen Unrechts vorzunehmen und dennoch eine Provokation des nationalsozialistischen Regimes zu vermeiden. Pius XII. wiederholte seine öffentliche Ermahnung zur Einhaltung der Grundrechte aus seiner Weihnachtsansprache (1942) am 2. Juni 1943, dem Festtag des Namenspatrons des Papstes. Pius XII. war sich gewiss, dass diese Botschaft gehört wurde. Tatsächlich bedankten sich schon damals insbesondere jüdische Kreise für die Rede vom 2. Juni 1943 und seine mahnenden Worte.

Werben für ein demokratisches Deutschland

Während der deutschen Besatzungszeit in Rom hatten sich die beim Heiligen Stuhl akkreditierten Diplomaten, deren Staaten sich mit Deutschland im Kriegszustand befanden, im Vatikan einquartiert. Nach dem Einmarsch alliierter Truppen wurden nun umgekehrt die Vertreter der sogenannten Achsenmächte (Deutschland, Italien und Japan) im Vatikan untergebracht.

Pius XII. warb zu diesem Zeitpunkt bereits bei den Alliierten für ein anderes, demokratisches Deutschland, das sich von Hitler lösen würde. Er war von einer schnellen Regenerationsfähigkeit der deutschen Nation fest überzeugt und wies immer wieder auf oppositionelle Kreise in Deutschland hin, von denen ein neuer Staat aufgebaut werden könne. Selbst als das Attentat auf Hitler am 20. Juli 1944 scheiterte, hörte Pius XII. nicht auf, bei den Alliierten die Vision eines christlichen Deutschlands zu vermitteln. Doch die Alliierten blieben in der Gewissheit um die deutsche Niederlage unbeugsam in ihrer antideutschen Haltung, die Pius XII. am 2. Juni 1944 im Hinblick auf einen dauerhaften Frieden öffentlich als unvernünftig bezeichnete.

Kapitel V:

Im Focus der Weltpolitik: Aufgaben der Papstdiplomatie nach dem Zweiten Weltkrieg

„Diejenigen, die die päpstliche Diplomatie von der weltlichen Macht des Papstes ableiten, haben das wahre Wesen des Auftrags des Heiligen Stuhls nicht verstanden“.

Nuntius Pio Laghi (1984)

Die vielfältigen diplomatischen Bemühungen der Päpste in der zweiten Hälfte des 20. Jahrhunderts auf wenigen Seiten vollständig zu beschreiben, ist schlichtweg unmöglich. So sollen im Folgenden nur wenige Themen ausführlicher behandelt werden. Sie sind aber zugleich kennzeichnend für die päpstliche Diplomatie der jüngsten Zeit.

Der Weg zur Weltkirche

Die päpstlichen Nuntiaturen in Westeuropa hatten trotz Faschismus und Nationalsozialismus auch über den Zweiten Weltkrieg hinaus Bestand oder wurden – wie in Deutschland mit Duldung der alliierten Besatzungsmächte – zugelassen beziehungsweise geduldet.

In den ersten Jahren nach dem Weltkrieg konnte der Vatikan neue diplomatische Vertretungen in folgenden Ländern einrichten:

- China (1946),
- Ägypten (1947),
- Libanon (1947),
- Indien (1948),

- Indonesien (1950),
- Philippinen (1951),
- Pakistan (1952),
- Japan (1952),
- Syrien (1953),
- Iran (1953).

Seit den 1960er Jahren wurden mit den meisten der selbständigen afrikanischen Staaten direkte diplomatische Beziehungen aufgenommen:

- 1961 mit Senegal,
- 1963 mit Burundi und Zaire,
- 1964 mit Ruanda,
- 1965 mit Sambia und Kenia,
- 1966 mit Malawi, Uganda und Kamerun,
- 1967 mit Lesotho, der Zentralafrikanischen Republik und Gabun,
- 1968 mit Tansania,
- 1969 mit Äthiopien und Mauritius,
- 1971 mit Dahomey und Niger,
- 1972 mit Algerien, Tunesien, Sudan und Elfenbeinküste.

1972 gab es auf dem afrikanischen Kontinent fünf Apostolische Delegaturen und 24 Nuntiaturen. Mit Ausnahme von Burundi, Ruanda und Zaire ernannte der Papst überall Pro-Nuntien. Damit verzichtete der Heilige Stuhl auf die 1815 auf dem Wiener Kongress zugesprochene Vorrangstellung seines diplomatischen Vertreters innerhalb des jeweiligen Diplomatischen Korps als Doyen. Die Gründungen in Afrika weisen auf das zusehend wachsende Interesse des Vatikans hin, auch mit den Ländern diplomatische Beziehungen zu unterhalten, die allenfalls katholische Minderheiten aufweisen.

Bis heute (2010) gibt es 177 päpstliche diplomatische Vertretungen (Nuntiaturen, Internuntiaturen oder Apostolische Delegaturen) in der ganzen Welt. Damit haben mehr als zwei Drittel aller Staaten den Heiligen Stuhl als Souverän formal anerkannt. Darüber hinaus unterhält der Heilige Stuhl Vertretungen, meist sogenannte „ständige Beobachter“, u. a. bei folgenden internationalen Organisationen:

- Vereinte Nationen (UN) in New York,
- Amt der Vereinten Nationen und Sonderinstitute in Genf,
- Internationale Atom-Energie-Organisation in Wien,
- Organisation der UN für Ernährung und Landwirtschaft (FAO) in Rom,
- Organisation der UN für Erziehung, Wissenschaft und Kultur (UNESCO) in Paris,
- Europäische Union in Brüssel,
- Internationales Institut für die Vereinheitlichung des Privatrechts im Vatikan,
- Internationales Komitee für Militär-Medizin und -Heilkunde in Tirlemont,
- Internationale Vereinigung der amtlichen Tourismus-Organisationen (UIOOT),
- Internationale Geographische Vereinigung.

Israel und der Vatikan

Die Beziehungen der katholischen Kirche zum Judentum waren schon seit altersher von besonderer Bedeutung. Schnell ist hier die Rede von einem latenten Antisemitismus der Kirche, obwohl zumeist nur Antijudaismus gemeint ist. Bemerkenswert ist, dass die Juden im Kirchenstaat nicht per se ein Fremdkörper waren und auch in Frankreich bis weit in das 17. Jahrhundert hinein nur in den Exklaven des Kirchenstaates, nämlich in Avignon und der Grafschaft Venaissin, unbehelligt leben konnten.

Die Beziehungen zwischen Papst und Juden waren mit dem – in Anknüpfung an das bis 638 bestehende Patriarchat – im Jahre 1847 gegründeten „Lateinischen Patriarchat von Jerusalem“ durch Pius IX. erstmals seit der Zeit der Kreuzzüge wieder in Bewegung geraten. Pius hatte mit der Gründung des Lateinischen Patriarchats einen besonderen Anspruch auf Palästina, dem Heiligen Land der Christenheit, erhoben. Er wollte, dass dort der Glaube an Jesus Christus gelebt wird. Dahinter verbarg sich keineswegs eine antijüdische Maßnahme, denn zu diesem Zeitpunkt saßen die Türken in Palästina. Der Ruf nach einem jüdischen Staat in Palästina bekam erst als Antwort auf die Entstehung von Nationalstaaten in Europa in der zweiten Hälfte des 19. Jahrhundert eine neue Dynamik.

Die Päpste des 19. und der ersten Hälfte des 20. Jahrhunderts konnten oder wollten aber auch die zionistische Bewegung, die einen jüdischen Staat in Palästina forderte, nicht begünstigen. Pius X. ließ Theodor Herzl (1860–1904), den Schriftsteller und Begründer des modernen politischen Zionismus, anlässlich ihrer Begegnung im Jahre 1904 wissen:

> „Wenn Sie nach Palästina kommen und Ihr Volk ansiedeln werden, wollen wir Kirchen und Priester bereithalten, um Sie alle zu taufen.“

Für die Päpste war Palästina durch das Leben Jesu Christi geheiligte Erde. Bis Anfang des 20. Jahrhunderts war die Auffassung von Papst Benedikt XV. die Ausnahme, der glaubte, in Übereinstimmung mit dem göttlichen Willen zu handeln, wenn er die Bemühungen der Juden unterstütze, in ihr „Gelobtes Land“ zurückzukehren.

Internationalisierung von Jerusalem

Das Bemühen Pius' XII. für das damals noch britische Mandatsgebiet Palästina und den späteren jüdischen Staat Israel richtete sich seit 1947 auf eine Internationalisierung der Stadt Jerusalem. Wegen des gesamtarabischen Angriffs auf den am 14. Mai 1948 gegründeten Staat Israel war der auch von den Vereinten Nationen gegen die arabischen Stimmen beschlossene Plan der Internationalisierung nie verwirklicht worden.

Als Israel 1967 Jerusalem zurückeroberte, war es Papst Paul VI. (1963–1978), der an die Internationalisierungspläne für Jerusalem aus dem Jahre 1947 erinnerte und wünschte, die Stadt künftig von Kampfhandlungen zu befreien.

Forderungen einzelner westeuropäischer Bischofskonferenzen, besonders der französischen, die sich uneingeschränkt für einen jüdischen Staat einsetzten, wurden vom Vatikan nicht unterstützt, weil der Vatikan seine Unparteilichkeit gefährdet sah. Aus diesem Grund konnte der Vatikan auch den bestehenden Staat nicht anerkennen, solange er offensichtlich in Grenzen verlief, die über das 1948 von der UNO zugesprochene Gebiet hinausreichten.

Paul VI. im Heiligen Land

Die Pilgerreise Pauls VI. in das Heilige Land vom 4. bis 6. Januar 1964 brachte eine gewisse Wende in der Haltung des Apostolischen Stuhls gegenüber Israel, auch wenn der Papst nach wie vor von Palästina oder dem Heiligen Land sprach, obwohl er Israel meinte. Gleich zwei Neuerungen mit großer symbolischer Aussagekraft brachte diese Reise mit sich: Zum ersten Mal seit Ende des Kirchenstaates verließ ein Papst den Vatikan zu einer Reise außerhalb Italiens. Und zum ersten Mal besuchte ein Papst das Ursprungsland des Christentums. Gerade letzteres stand darüber hinaus in enger Verbindung zu den innerkirchlichen Erneuerungsbemühungen auf dem Zweiten Vatikanischen Konzil (1962–1965), das soeben seine Zweite Sitzungsperiode (September–Dezember 1963) beendet hatte.

Geschürt durch die Berichterstattung der Presse, wurde die Reise eher zu einer Machtdemonstration des Papstes stilisiert, obwohl sie als „Pilgerfahrt des Gebets und der Buße“ deklariert worden war. Gerne hätte das jüdische Volk gesehen, wenn der Papst und nicht an seiner Statt der Dekan des Kardinalkollegiums und Kardinalgroßmeister des Ritterordens vom Heiligen Grab zu Jerusalem, Eugène Tisserant (1884–1972), an der jüdischen Gedächtnisstätte für die Opfer des Antisemitismus der Nationalsozialisten in Yad Vashem sechs Kerzen angezündet hätte. Paul VI. verteidigte gegenüber dem israelischen Kabinett bei einer Begegnung in Megiddo seinen Vorgänger Pius XII., der 1963 von dem deutschen Schriftsteller Rolf Hochhuth (* 1931) in einem Theaterstück in unqualifizierter Weise und zu Unrecht als Kollaborateur Hitlers bei der Judenvernichtung angegriffen und diffamiert worden war.

Und noch ein besonderes Zeichen wurde mit der Reise des Papstes ins Heilige Land gesetzt: Seit 1439, dem Unionskonzil zu Ferrara und Florenz, hatte es keine Begegnung mehr zwischen den Oberhäuptern der Katholiken und der Orthodoxen gegeben. Auf seiner Reise ins Heilige Land aber traf der Papst gleich zweimal mit dem orthodoxen Patriarchen von Konstantinopel (1948–1972), Athenagoras (1886–1972), zusammen.

Die Reise Pauls VI. war ein politisches Wagnis, denn sie führte durch jordanisches und israelisches Gebiet. Schon im Vorfeld der Reise war von arabischen Nachbarstaaten befürchtet worden, Israel würde politisch oder wenigstens moralisch aufgewertet werden. Während der Reise selbst fehlte es nicht an arabischer Propaganda gegen Israel. Israels Präsident Salman Schasar (1889–1974) betonte, dass die Papstreise der erste Besuch eines fremden Staatsoberhauptes in Israel sei. Tatsächlich bedeutete dieser Besuch die faktische Anerkennung des Staates Israels durch den Heiligen Stuhl.

Ein Apostolischer Delegat in Jerusalem

1969 bestellte Papst Paul VI. Pio Laghi zum Apostolischen Delegaten für Jerusalem und Palästina. Seine Amtsausübung in Jerusalem fiel in die bewegte Zeit, in der Israel im Sechstagekrieg (5.–10. Juni 1967) den Ostteil von Jerusalem eroberte und sich der Nahostkonflikt erneut im Jom-Kippur-Krieg (6.–26. Oktober 1973) entlud. Papst Paul VI. berief ihn 1973 zusätzlich zum Apostolischen Pro-Nuntius auf Zypern und zum Apostolischen Visitator für Griechenland. Von 1974 bis 1980 – während der Militärjunta unter Jorge Rafael Videla (1976–1981) – war er Apostolischer Nuntius in Argentinien. Laghi war einer der erfahrensten Diplomaten des Heiligen Stuhls.

Er und auch seine Nachfolger ließen keine Gelegenheit aus, auch die Rechte der Palästinenser anzumahnen, selbstverständlich auch deswegen, weil die meisten Katholiken in Israel Palästinenser waren.

Das Abkommen vom 30. Dezember 1993

Zu wirklichen Annäherungen kam es jedoch erst am 30. Dezember 1993, als zwischen Israel und dem Vatikan ein Abkommen unterzeichnet wurde, das unter anderem die Aufnahme diplomatischer Beziehungen vorsah. Es war die erste vertragliche Vereinbarung zwischen dem Oberhaupt der katholischen Kirche und dem jüdischen Staat. Schon im Juli 1992 wurde eine Kommission eingerichtet, die die Basis für die künftigen Beziehungen zwischen Apostolischem Stuhl und Israel schuf. Die Vereinbarung selbst konnte erst zustande kommen, nachdem sich eine allmähliche Annäherung zwischen Israel und der Palästinensischen Befreiungsorganisation (PLO) seit November 1993 deutlich abgezeichnet hatte.

Der Vatikan entsandte seit dem 16. Juni 1994 einen „Sondervertreter“, der aber faktisch Nuntius war, in das Heilige Land mit Sitz in Jaffa (mit Rücksicht auf den damals noch ungeklärten Status der Stadt Jerusalem). Der katholischen Kirche wurde das Recht auf Eigentum im Heiligen Land zugesprochen.

Ausdrücklich wurden in diesem Abkommen die von Israel seit 1967 besetzten Gebiete der Westbank nicht erwähnt. Dennoch war die Grenzfrage im Blick gewesen, wenn sich der Vatikan unter Wahrung seines Rechts, ein „moralisches und spirituelles Lehramt" auszuüben, in allen Konflikten für unparteiisch erklärte – ein Prinzip, das insbesondere auf umstrittene Gebiete und Grenzen anzuwenden sei. Bedeutungsvoll war schließlich jener Passus, in dem sich beide Staaten zum Menschenrecht der Religions- und Gewissensfreiheit bekannten. Israel berief sich dabei auf seine Unabhängigkeitserklärung, der Vatikan auf „Dignitatis humanae und „Nostra aetate", zwei einschlägige Texte des Zweiten Vatikanischen Konzils. Damit verbunden war eine Verurteilung jeglicher Form von Antisemitismus.

Die Bedeutung dieser Abmachung lag im Grundsätzlichen, zumal Einzelpunkte ungeklärt bleiben mussten. Dem Vatikan war an dieser Abmachung auch darum gelegen, weil er in den palästinensisch-israelischen Friedensprozess einbezogen werden wollte. Das galt vor allem für jene Arbeitskreise, die die Fragen der Flüchtlinge, Rüstungskontrolle, wirtschaftlichen Zusammenarbeit, Wasser und Umwelt behandelten.

Auch mit Israels Nachbarn führte der Heilige Stuhl Verhandlungen. Während der Heilige Stuhl und Jordanien am 6. April 1994 volle diplomatische Beziehungen aufnahmen und in Amman eine päpstliche Nuntiatur eingerichtet wurde, unterhielt der Vatikan mit den Palästinensern seit 1991 eine in der Öffentlichkeit nicht wahrgenommene Pendeldiplomatie. Damit war erneut die Haltung des Vatikans zum Existenzrecht der Palästinenser bekräftigt worden. Schon 1995 kam ein Abkommen mit den Palästinensern zustande, das dem Grundlagenvertrag mit Israel ähnelte und in dem ebenfalls der Austausch offizieller Repräsentanten vereinbart wurde. In dessen Folge war Johannes Paul II. – gerade auch nach der Ermordung des israelischen Premierministers Jitzchak Rabin (1922–1995) am 4. November 1995 – persönlich bestrebt, mit Israel und Palästina gemeinsam den Friedensprozess im Heiligen Land zu betreiben.

Seit 1994 arbeitete eine bilaterale Arbeitskommission an einem Folgevertrag, der schließlich am 10. November 1997 ratifiziert wurde. Darin wurde der katholischen Kirche besonderer Schutz garantiert. Da sich der Vertrag auch auf die Diözese Jerusalem bezog, interpretierten palästinensische Politiker, dass der Vatikan damit den Ostteil der Stadt mit einbezog und damit die israelische Annexion Ostjerusalems anerkenne.

Johannes Paul II. und die Juden

Johannes Paul II. hat den christlich-jüdischen Dialog maßgeblich vorangetrieben. Er selbst war in seiner polnischen Heimat in unmittelbar jüdischer Umgebung aufgewachsen. Vermieter, Nachbarn, Klassenkameraden sowie Freunde dieses Papstes, die ihn bis zu seinem Tode begleiteten, waren Juden. Nach dem Apostel Petrus ist kaum ein römischer Bischof zu finden, dessen Sozialisierung in solch engem und positivem Kontakt mit der jüdischen Lebenswelt und der jüdischen Religion erfolgte. Gerade Johannes Paul II. hat dafür gesorgt, dass die auf dem Zweiten Vatikanischen Konzil eingeforderte Annäherung an das Judentum auch umgesetzt wird.

Er hat diesem Anliegen der päpstlichen Diplomatie seine ganz persönliche Note verliehen und zu seinem ureigenen Anliegen gemacht. Schon 1986 besuchte Johannes Paul II. als erster Papst die römische Synagoge und im März 2000 das Heilige Land. Anlässlich des Besuches in Israel dankte Israels Ministerpräsident (1999–2001) Ehud Barak (* 1942) dem Papst dafür, dass er „mehr als jeder andere für einen historischen Wandel im Verhalten der Kirche zum jüdischen Volk" getan habe.

Benedikt XVI. und Israel

Papst Benedikt XVI. (seit 2005) knüpfte an Johannes Pauls II. christlich-jüdischen Dialog an, den er als Präfekt der Glaubenskongregation ohnehin seit Jahrzehnten intensiv begleitet hatte. Schon bei seinem Besuch in Auschwitz am 28. Mai 2006 hatte er um Vergebung und Versöhnung sowie Eintracht und Frieden gebetet. Er betonte: „Ich konnte als Papst unmöglich nicht hierher kommen." Damit tat er einen weiteren großen Schritt, um das Werk der Versöhnung zwischen Juden und Christen fortzusetzen. Der US-amerikanische Rabbiner und Gründer des Simon Wiesenthal Center in Los Angeles Marvin Hier (* 1939) urteilte:

> „Die Tatsache, dass ein Papst aus Deutschland, der in seiner Jugend die Uniform der Hitlerjugend tragen musste, im Gebet an der Stelle der grausamsten Untaten in der Weltgeschichte niederkniete und den Hass verurteilte, ist eine Zurückweisung des Antisemitismus und eine Zurechtweisung für Leute [...] die den Holocaust als Mythos betrachten."

Und der ehemalige polnische Außenminister Wladyslaw Bartoszewski, selbst Auschwitzüberlebender, urteilte:

> „Benedikt XVI. hat in Auschwitz mehr gesagt, als erwartet werden konnte. Kaum ein deutscher Politiker hätte es geschafft, so kategorisch das Ausmaß der ungeheuren Schuld Deutschlands im Zweiten Weltkrieg zu benennen".

Der Besuch von Papst Benedikt XVI. im Heiligen Land vom 8. bis 15. Mai 2009 hat schließlich unmissverständlich zum Ausdruck gebracht, dass das Engagement der Kirche in Israel kein Dialog, sondern ein Trialog ist. Benedikt selbst zeigte Mut, denn das Leiden der Bevölkerung in Gaza fand bei seinen Ansprachen ebenso Berücksichtigung wie die Sperrmauer zwischen Israel und den palästinensischen Autonomiegebieten, deren Anblick er als „den traurigsten Moment" seiner Pilgerreise bezeichnete. Benedikt sagte bei seinem Abschied in Tel Aviv:

> „Ich möchte festhalten, dass ich in dieses Land als Freund der Israelis zu Besuch gekommen bin, genauso wie ich auch ein Freund des palästinensischen Volkes bin. Freunde verbringen gerne ihre Zeit miteinander, und es betrübt sie sehr zu sehen, wie der andere leidet. Ein Freund der Israelis und der Palästinenser kann nur traurig sein über die weiter bestehende Spannung zwischen Ihren beiden Völkern. Ein Freund kann nur weinen angesichts des Leids und des Verlusts von Menschenleben, die beide Völker in den vergangenen sechs Jahrzehnten erlitten haben."

Der Papst hatte damit in Konfliktsituationen gegenüber den Konfliktparteien eine klare Sprache geführt. Überhaupt war die Rede zum Abschied in Tel Aviv von seltener politischer Deutlichkeit. Benedikt rief in Tel Aviv zum Schluss:

> „Kein Blutvergießen mehr! Keine Kämpfe mehr! Kein Terrorismus mehr! Kein Krieg mehr! Lasst uns statt dessen den Teufelskreis der Gewalt durchbrechen! Lasst bleibenden Frieden herrschen, der auf Gerechtigkeit gründet, lasst echte Versöhnung und Heilung walten!"

Darauf antwortete Staatspräsident (seit 2007) Schimon Peres (* 1923):

> „Geistliche Führer können den Weg für politisch Verantwortliche bereiten. Sie können das Minenfeld räumen, das den Weg des Friedens verstellt."

Diplomatische Beziehungen zu den Vereinigten Staaten von Amerika (USA)

Abbruch diplomatischer Beziehungen 1867

Von 1848 bis 1867 unterhielten die Vereinigten Staaten von Amerika diplomatische Beziehungen mit dem Heiligen Stuhl. Erst 1867 hatte das State Department ausdrücklich untersagt, weiterhin Regierungsgelder zur Unterstützung von diplomatischen Beziehungen mit dem Heiligen Stuhl zu verwenden. Es war erklärte Absicht, nur „staatsbürgerliche Beziehungen" zu pflegen, nicht aber zu den Kirchen. Durch die Beschränkung des Kirchenstaates auf Latium und die Stadt Rom 1867 und ab 1870 gar nur noch auf den Vatikanischen Hügel war aus amerikanischer Sicht der Papst nun nicht mehr Oberhaupt eines Staates.

Die Begründungen, die zum Abbruch der diplomatischen Beziehungen führten, ließen jedoch erkennen, dass diese nur vorgeschoben waren. Denn es wurde vielmehr die „päpstliche Intoleranz" angeprangert, die darin sinnfällig zum Ausdruck gekommen war, dass der Papst in der Stadt Rom evangelische Gottesdienste verboten hatte. Des weiteren versprachen sich die USA von dem zur Bedeutungslosigkeit zusammengeschrumpften Papststaat keinen Nutzen, der die Kosten für den Unterhalt eigener diplomatischer Beziehungen hätte rechtfertigen können. Aus staatsrechtlichen Gründen glaubte man schließlich, dass bei Aufrechterhaltung einer Botschaft beim Papst gegen die strikte Trennung von Kirche und Staat in der amerikanischen Verfassung verstoßen würde.

Erst die Lateranverträge von 1929 stellten den Vatikan in eine ganz neue rechtliche Beziehung zum internationalen Völkerrecht, dadurch, dass seitens der italienischen Regierung dem Vatikan die staatliche Souveränität zuerkannt worden war und das damit verbundene Recht auf die Entsendung von Nuntien und die Akkreditierung von Botschaftern fremder Staaten. Dennoch war eine latente antikatholische Gesinnung in den USA ausschlaggebend für die entschiedene Ablehnung von diplomatischen Beziehungen zum Vatikan.

Während des Zweiten Weltkriegs

Während des Zweiten Weltkrieges änderten sich die Beziehungen zwischen den Vereinigten Staaten und dem Vatikan. Es war eine Folge des Besuches von Kardinalstaatssekretär Eugenio Pacelli; dieser hatte während seiner Nordamerikareise im Oktober 1936 den amerikanischen Präsidenten (1933–1945) Franklin D. Roosevelt (1882–1945) persönlich kennen- und schätzengelernt. Die Sympathie wurde von Roosevelt erwidert und war ausschlaggebend, dass dieser kurz nach Beginn des Zweiten Weltkrieges noch im Jahre 1939 mit dem amerikanischen Industriellen und Philanthropen Myron Charles Taylor (1874–1959) einen persönlichen Repräsentanten zu Pius XII. entsandte.

Auch nach einem Machtwechsel in Washington blieb Taylor bis 1950 persönlicher Vertreter des jeweiligen Präsidenten. Präsident Harry S. Truman (1945–1953) wusste um die Bedeutung einer US-amerikanischen Vertretung beim Papst und bemühte sich wiederholt 1950 bis 1952 darum, sogar eine eigene Gesandtschaft am Apostolischen Stuhl zu errichten. Doch der politische Gegenwind in den eigenen Reihen war zu stark.

Als 1961 mit John F. Kennedy (1917–1963) erstmals ein Katholik Präsident der USA wurde, schien es geboten, den Gedanken, einen Diplomaten in den Vatikan zu entsenden, nicht mehr zu verfolgen. Zu sehr fürchtete Kennedy, in den Ruf zu geraten, Günstlingswirtschaft für die Katholiken zu betreiben und leichtfertig amerikanische Ideale aufzugeben.

Religionsfreiheit als Voraussetzung für diplomatische Beziehungen

Erst die auf dem Vatikanischen Konzil 1965 zugebilligte Religionsfreiheit bot für die USA Anlass, ihr Verhältnis zum Vatikan grundlegend zu überdenken. Bis der starke nationale Widerstand vor allem bei dem Nationalen Kirchenrat, der Nationalen Evangelischen Vereinigung, dem Vereinten Baptistenausschuss für öffentliche Angelegenheiten und den amerikanischen Juden gegen die Aufnahme diplomatischer Beziehungen mit dem Vatikan gebrochen war, sollten noch 19 Jahre vergehen.

Unmittelbar nach der Wahl des US-amerikanischen Präsidenten Ronald Reagan (1911–2004, 1981–1989 Präsident) berief Papst Johannes Paul II. 1980 Pio Laghi (1922–2009) zum Apostolischen Delegaten mit der Aufgabe, volle diplomatische Beziehungen zu den USA aufzubauen. Diese kamen im März 1984 zustande.

Am 10. Januar 1984 gaben die USA und der Vatikan gleichzeitig bekannt, dass sie fortan offizielle Beziehungen pflegen werden. Der bis dahin persönliche und nicht bezahlte Abgesandte des Präsidenten der USA beim Vatikan, W. A. Wilson, wurde nun zum ersten Botschafter ernannt. Der US-Senat bestätigte die Nominierung des Botschafters, und der Kongress bewilligte die notwendigen Mittel. Pio Laghi wurde erster Nuntius in den Vereinigten Staaten von Amerika.

Weil die USA immer betonten, dass sie nur mit dem Vatikanstaat, nicht aber mit dem Papst als Oberhaupt der katholischen Kirche Beziehungen eingehen würden, unterstrich Laghi schon bald nach seiner Ernennung auf einer internationalen Konferenz, daß

> „diejenigen, die die päpstliche Diplomatie von der weltlichen Macht des Papstes ableiten, das wahre Wesen des Auftrags des Heiligen Stuhls nicht verstanden haben."

Nach Laghis Auffassung beruhte die päpstliche Diplomatie im wesentlichen auf der geistlichen Herrschaft des Heiligen Stuhls.

Waren seitens des Vatikans bis ins 19. Jahrhundert nur Beziehungen zu katholischen Staaten gesucht worden, so zeigte das Interesse der USA, 1984 doch mit dem Vatikan offizielle Beziehungen einzugehen, dass der Vatikan schon lange nicht mehr ausschließlich katholische Angelegenheiten behandelte und den weltweiten Schutz katholischer Interessen in den Vordergrund seiner Bemühungen stellte, sondern zur Sicherung der Wohlfahrt aller Menschen und zur Schaffung einer weltweiten menschenwürdigen und friedlichen Ordnung beitrug. Dieser Weltauftrag des Papstes konnte auch seitens der USA nicht geleugnet werden.

Blieb Katholiken der Posten als US-amerikanischer Botschafter beim Heiligen Stuhl jedoch weiterhin verwehrt, beschritt Präsident Barack Obama (seit 2009), der sich nicht nur in bioethischen Fragen und mit seiner Haltung zur Liberalisierung der Abtreibung entschieden gegen die Lehre der katholischen Kirche richtete, einen neuen Weg, als er mit dem aus Kuba stammenden Miguel H. Díaz (*1965) erstmals sogar einen katholischen Theologen als US-Botschafter im Vatikan berief.

Vatikanische Ostpolitik

Dem Heiligen Stuhl war es auch nach dem Zweiten Weltkrieg nicht möglich, diplomatische Beziehungen zu den kommunistischen Ostblockstaaten aufzunehmen. Diese schlossen sich unter der Führung der UdSSR 1955 zum Warschauer Pakt zusammen, dem Albanien (1968 ausgeschieden), Bulgarien, Ungarn, die DDR, Polen, Rumänien und die Tschechoslowakei angehörten. Diesen Staaten war es nicht möglich, ohne Einwilligung der Sowjetunion eine eigene Außenpolitik zu betreiben. Als jedoch einzelne Ostblockländer versuchten, ihre politische und wirtschaftliche Unabhängigkeit wiederzuerlangen, bemühten sich auch die Ortskirchen um die Restituierung ihres zwischenzeitlich enteigneten Besitzes. Unrealistisch war eine Anknüpfung an die kirchlichen Verhältnisse vor Beginn des Zweiten Weltkriegs. Die Sowjetregierung hatte seit 1945 systematisch linientreue Kommunisten an die Spitzen von Regierungen und Parteien der Warschauer Paktstaaten gesetzt. Der katholischen Kirche war mittels einschneidender Maßnahmen der Kampf angesagt worden. Mit den Kommunisten zu verhandeln, hatte keinen Sinn. Auch im Vatikan war die Erfahrung gemacht worden, dass sie keine ihrer Versprechen halten würden.

Drogen für Kardinal Mindszenty

Geradezu Symbolgehalt für rigoroses Vorgehen gegen die Kirche jenseits des „Eisernen Vorhangs" hatte die Verhaftung des ungarischen Kardinalprimas und Erzbischofs von Esztergom József Mindszenty (1892–1975) am 26. Dezember 1948 wegen Verschwörung, Landesverrat, Spionage und Devisenvergehens. Pius XII. protestierte gegen die Verhaftung. Doch unbeeindruckt davon bereitete die ungarische Regierung dem Kardinal einen Schauprozess.

Nach 16tägiger Folter, pausenlosem Verhör und einer „Spezialbehandlung" mit Drogen wurde der völlig gebrochene, willenlose und gedemütigte Mann nach einem offenbar diktierten Geständnis als schuldig und zu lebenslänglichem Gefängnis verurteilt. Pius XII. hatte seinen Protest unter anderem auch vor dem versammelten Diplomatischen Korps zum Ausdruck gebracht. Sogar die Vollversammlung der Vereinten Nationen verurteilte mit 43 gegen 3 Stimmen das Vorgehen der ungarischen Regierung. Erst im Oktober 1956, wenige Tage nach dem ungarischen Aufstand, wurde Kardinal Mindszenty freigelassen. Die Niederwerfung der ungarischen Freiheitsbewegung vernichtete die Hoffnung, dass sich in Ungarn die Situation der Kirche verbessern würde.

Friedenspriester

Im Januar 1957 exkommunizierte im speziellen Auftrag von Pius XII. die Konzilskongregation einen, und im Februar 1958 drei weitere Führer der mit dem kommunistischen Regime kollaborierenden „Friedenspriesterbewegung" in der Tschechoslowakei und sprach die Exkommunikation über alle jene Priester aus, die sich den kirchlichen Behörden widersetzten. Diese Bewegung entstand infolge einer insbesondere von bundesrepublikanischen Theologen entwickelten herrschafts- und gesellschaftskritischen „linken" Theologie, die wiederum mit dem ambivalenten Schlagwort der „politischen Theologie" bezeichnet wurde. Die Friedenspriesterbewegung kennzeichnete, dass sie sich regierungskonform verhielt, um ihr Überleben im Kommunismus zu sichern, zugleich aber sich der päpstlichen Autorität entzog.

Johannes XXIII. entdeckt die Diplomatie

Seit den 1950er Jahren – also noch unter Pius XII. – bemühte sich der Vatikan, zu einer Koexistenz von Kirche und Sozialismus zu kommen. Doch erst mit Papst Johannes XXIII. (1958–1963) ging man einen Schritt weiter und beendete die antikirchliche Kampfeshaltung im Zuge einer veränderten weltpolitischen Lage und signalisierte Dialogbereitschaft auf östlicher wie westlicher Seite.

Johannes XXIII. verwendete zur Kennzeichnung seiner Initiative den Begriff „aggiornamento", was die Öffnung der katholischen Kirche, insbesondere mittels einer Liturgiereform und ihrer äußeren Erscheinung, ermöglichen sollte, um ihren Dienst in der modernen Welt zu verbessern. Es galt im Verhältnis zwischen Ost und West, sich an den Verhandlungstisch zu setzen, statt sich gegenseitig zu verdammen. Man kehrte zur Diplomatie zurück. Es war die Phase der „Wiederentdeckung der Diplomatie“ im Spannungsverhältnis zwischen der Sowjetunion und ihren Satellitenstaaten. Die neuen diplomatischen Vorstöße dürfen nicht darüber hinwegtäuschen, dass gerade Pius XII. der große Diplomat auf dem Stuhle Petri war, wenn es auch dem eher unkonventionellen Johannes XXIII. gelang, dass auch seitens der kommunistischen Staaten neue Zugänge gesucht wurden, die den Kalten Krieg überwinden sollten. Erste Gesten erfolgten von sowjetischer Seite, die im Westen Europas auch als Heuchelei aufgefasst wurden. Dazu gehörten:

- die öffentliche Bekundung des sowjetischen Außenministers Andrej Gromyko (1909–1989) vom 11. Januar 1958, dass es „Übereinstimmungen in verschiedenen Fragen des Friedens“ zwischen dem Kreml und dem Vatikan gebe.
- Auch der Glückwunsch des sowjetischen Ministerpräsidenten (1958–1964) Nikita Sergejewitsch Chruschtschow (1894–1971) an Papst Johannes XXIII. zu dessen 80. Geburtstag im Jahre 1961 wurde vielfach als medienwirksame Geste abgetan.
- Die Erteilung von Reisegenehmigungen für 89 Bischöfe sowie die Vertreter des Moskauer Patriarchats zum Zweiten Vatikanischen Konzil (1962–1965), von sowjetischer Seite als Zeichen „guten Willens“ verkauft, diente ebenfalls nur propagandistischen Zwecken.

Casaroli – der Architekt der Ostpolitik Pauls VI.

Das so verheißungsvoll begonnene Pontifikat Johannes’ XXIII. brachte in die festgefahrene Ostpolitik des Vatikans erst 1961 Bewegung. Ausgangspunkt war der Wechsel im Amt des Kardinalstaatssekretärs, das von 1961 bis

1969 nun Amleto Giovanni Cicognani (1883–1973) bekleidete. Im gleichen Jahr signalisierte die ungarische Regierung ihre Bereitschaft, mit dem Vatikan ins Gespräch zu kommen. Agostino Casaroli (1914–1998), der spätere Kardinalstaatssekretär (1979–1990), besuchte 1963 auf seiner ersten Reise in den Ostblock Ungarn. Ziel der Bemühungen des Vatikans war es, praktische Übereinkommen zu treffen, die eine Neuevangelisierung ermöglichten. So wurde zum Beispiel die Vorgehensweise bei Bischofsernennungen vereinbart und der ungarischen Regierung ein Vorschlagsrecht zugesprochen. Damit wurde freilich der Status quo des Verhältnisses von Staat und Kirche gefestigt.

Ähnlich war es auch noch zu Beginn des Pontifikats Papst Pauls VI. So wurde 1966 die Lage der Kirche in der Sowjetunion nicht behandelt, als der Papst den sowjetischen Außenminister (1957–1985) Andrej Gromyko empfing. Erst der Vorsitzende des Präsidiums des Obersten Sowjets (1965–1977), Nikolai W. Podgorny (1903–1983), musste während seines Besuches bei Paul VI. 1967 in Kauf nehmen, dass zur Aufnahme eines ersten Kontaktes mit dem Vatikan kirchliche Gesprächsthemen unausweichlich waren.

Polnisches Glaubensbekenntnis

Polen stand geopolitisch zwischen der Hegemonialmacht im Osten, der Sowjetunion, und dem „volksdemokratischen Bruderstaat" DDR im Osten und war eine traditionsreiche katholische Nation. Ein im Oktober 1956 erfolgter Kompromiss zwischen Staat und Kirche schuf die Grundlage für eine Sonderentwicklung innerhalb des gesamten Ostblocks. Der Kompromiss gewährte den Katholiken die Möglichkeit, ein Netz außerkirchlicher Institutionen aufzubauen, ließ einen eigenen Zirkel für katholische Abgeordnete mit dem Namen „Znak" zu und ermöglichte die Begründung eines unabhängigen katholischen Presseorgans.

In intellektuellen Kreisen Polens wurde deswegen sogar der weltanschauliche Dualismus beklagt und behauptet, nur Katholiken und Kommunisten würden über das Privileg der freien Meinungsäußerung verfügen. Zu dem Kompromiss von 1956 gehörte auch die Möglichkeit, an öffentlichen Schulen auf Wunsch der Eltern Religionsunterricht einzuführen. Das Ergebnis war, dass von mehr als 23.000 polnischen Schulen nur 27 keinen Religionsunterricht wollten. Dieses eindeutige „Glaubensbekenntnis" war für die Parteiführung frustrierend, und sie gestand ein, dass trotz gleichgeschalteter Medien die Bekämpfung der Kirche offenbar gescheitert war. Die daraufhin befürchteten stalinistischen Terroraktionen gegen Polens Katholiken blieben glücklicherweise aus. Das wiederum belegte eine gewisse Ohnmacht des Staates.

Eine kirchenrechtlich-politisch offene Frage war die Zirkumskription der katholischen Bistümer an der Grenze zwischen der DDR und Polen (Danzig und Elbing) gewesen. Die neue Zirkumskription der Diözesen in Anlehnung an die Nachkriegsgrenzen hätte zugleich die Anerkennung der von der ungeliebten Sowjetunion geschaffenen staatlichen Grenzen bedeutet.

Bemerkenswert war hier die im diplomatischen Handstreich durch Paul VI. erfolgte Ernennung von sechs polnischen Residenzbischöfen in den Oder-Neiße-Gebieten am 28. Juni 1972 und die Neuumschreibung der Bistumsgrenzen zwischen Polen und der DDR. Polen fühlte sich durch den Vatikan überfahren, machte aber gute Miene zum bösen Spiel. Die Regierung verzögerte um einige Monate die Inbesitznahme der Bistümer und sah sich vor allem eines Verhandlungszieles beraubt. Zukünftige Gespräche zwischen Polen und dem Vatikan dienten – zur Wahl von Papst Johannes Paul II. – nur noch der Normalisierung des Verhältnisses von Kirche und Staat.

Priesterweihe in der Tschechoslowakei

Ein erster Schritt wurde von seiten der Tschechoslowakei unternommen. Die Hoffnung auf einen „humanisierten“ Kommunismus unter Parteichef Alexander Dubček (1921–1992) zerschlug sich 1969, so dass die mit dem Heiligen Stuhl aufgenommenen Verhandlungen abgebrochen wurden. Dubčeks Nachfolger gaben sich ostentativ antiklerikal, ließen aber über Unterhändler gleichzeitig eine Normalisierung zwischen Kirche und Staat befürworten. Diese zwiespältige Haltung diente vielleicht auch dazu, die misstrauischen Sowjets zu beruhigen. Wenigstens zeigt dieses Verhalten, dass der Vatikan einen unberechenbaren Verhandlungspartner vor sich hatte, der letztlich nur bemüht war, die tschechische Kirche von der römischen Zentrale zu isolieren.

Die Tschechoslowakei hatte provozierenderweise Bischofskandidaten aus der regimetreuen Priestervereinigung „Pacem in terris“ präsentiert, deren Anhänger noch wenige Jahre zuvor exkommuniziert worden waren. Erst 1974 konnte der Zwist um die Besetzung von Bischofsstühlen beigelegt werden. Dazu machte die päpstliche Kurie gewisse Zugeständnisse, verzichtete aber dennoch nicht auf eine sorgfältige Prüfung der Bischofskandidaten hinsichtlich ihrer Eignung. Casaroli weihte schließlich persönlich vier Bischöfe in der Tschechoslowakei unter großer Anteilnahme der Bevölkerung.

Ein grundlegender Umschwung in den Beziehungen zwischen der Tschechoslowakei und Vatikan blieb aber aus. Die Tschechoslowakei hielt

- erstens an ihrer öffentlichen kirchenfeindlichen Haltung fest; zuletzt propagierte die Partei 1977, „die Überbleibsel der Religion eliminieren“ zu wollen.
- Zweitens aber blieb die Politik gegenüber der Kirche zwiespältig, wenn man bedenkt, dass schon wenige Wochen

nach diesem antikirchlichen Bekenntnis fünf Bischöfe zum Ad-limina-Besuch in den Vatikan reisen durften. Dieses war insofern geradezu überraschend, weil die Regierung den Bischöfen den Kontakt untereinander nicht erleichtern wollte. Aus Angst vor einer Mobilisierung gegen den Staat verbot sie bekanntlich auch die Bildung einer eigenen tschechoslowakischen Bischofskonferenz.

Religiöse Toleranz in Jugoslawien

In Jugoslawien hat es nach einer Jahrzehnte andauernden massiven Kirchenverfolgung (erinnert sei hier an den Schauprozess gegen Kardinal Alojzije Stepinac [1898–1960] im Jahre 1946, der 1998 von Papst Johannes Paul II. seliggesprochen wurde) für Kirche und Staat erst seit dem Pontifikat Johannes' XXIII. einen „Modus vivendi" gegeben. Nach der Ära des sowjetischen Ministerpräsidenten Chruschtschow war Jugoslawien bereit, wieder zu seinem alten Grundsatz zurückzukehren, der besagte:

> „Wir Kommunisten sind Atheisten, aber der Atheismus ist nicht unsere Religion, deshalb sind wir nicht religiös intolerant".

Mit der Vereinbarung von 1966 wurden die Beziehungen Jugoslawiens zum Vatikan auf eine solide Basis gestellt. Bei diesen Verhandlungen wurde allerdings auf eine Konsultation der Ortskirche verzichtet.

Seit 1970 verbesserten sich die Beziehungen zusehends. Die Entsendung ranghoher diplomatischer Vertreter als Unterhändler in den Vatikan und schließlich der Besuch von Staatschef Tito im Vatikan im März 1971 trugen ihren Teil dazu bei.

Ein unmittelbarer Erfolg des Besuchs war die Novellierung der Kirchengesetzgebung in Jugoslawien nach der Einführung einer neuen Verfassung im Jahre 1974. Diese brachte kleinere Vergünstigungen für den Religionsunterricht. Die Ernennung der Bischöfe wurde in die Hand der römischen Kurie gelegt. Alle übrigen Freiheiten der Kirche mussten mühsam vor Ort erkämpft werden, so etwa der Bau von Kirchen in Neubaugebieten und der Aufbau einer katholischen Presse.

Ungarn: Lösung des Falls Mindszenty

In Ungarn hatten Staat und päpstliche Kurie die gemeinsame Absicht, den Fall „Mindszenty“ einvernehmlich zu lösen. Erst 1971 gelang es dem Vatikan, den Kardinal zur Ausreise zu bewegen. Das hatte allerdings innerhalb der Priesterschaft und des Kirchenvolkes zu Verwirrung geführt. Ein ungarischer Priester brachte dieses mit einer Metapher folgendermaßen auf den Punkt:

> „Was hätte der Christ in der Antike in der Arena des Circus Maximus vor den Löwen gedacht, wenn er, auf den kaiserlichen Thron hinblickend, Petrus mit Nero in freundlichem Gespräch miteinander gesehen hätte?“

Dieses Beispiel veranschaulicht die Gespaltenheit, mit der man die Ergebnisse der Ostpolitik – übrigens bis heute – beurteilen kann.

Mindszentys Verhalten im Exil ließ die Budapester Regierung auf dem Weg zu einer Normalisierung weiterhin zögern. Erst ein Jahr, nachdem Kardinal Mindszenty durch den Papst seines Amtes enthoben wurde (1973), nahm man auch in Ungarn 1974 wieder Gespräche mit dem Vatikan auf. Es kam in der Folge zur Berufung neuer, romtreuer Bischöfe; die vom Staat rigide zugewiesene Zahl der zugelassenen Priesteramtskandidaten wurde leicht erhöht, und es wurde – wenn auch stark eingeschränkt – Religionsunterricht in den Pfarreien erlaubt. 1977 reisten die ungarischen Bischöfe gemeinsam zu einem Ad-limina-Besuch nach Rom.

Der Besuch des Ersten Sekretärs des Zentralkomitees der Sozialistischen Arbeiterpartei, János Kádár (1912–1989), im Juni 1977 bei Paul VI. wurde auf beiden Seiten als der Endpunkt eines langen Annäherungsprozesses gefeiert.

Bulgarien: Kirche im Untergrund

In Bulgarien existierte nach der Konstituierung der Volksrepublik 1946 nur noch im Untergrund eine Kirche mit etwa 50.000 Katholiken. Deren Führungsschicht war weitgehend liquidiert und alle ihre Priester inhaftiert worden. Erst seit 1962 gelang es der vatikanischen Ostpolitik, die Hierarchie und damit ein Mindestmaß kirchlichen Lebens wieder herzustellen.

Rumänien: Folgenloser Besuch beim Papst

Der rumänische Ministerpräsident (1961–1974) Ion Gheorghe Maurer (1902–2000) besuchte 1968 den Papst, ohne Zugeständnisse zu machen. Erst 1972 durfte wieder ein Bischof geweiht werden, und es dauerte bis 1975, bis amtliche Gespräche aufgenommen wurden. Die Umsetzung der Ergebnisse der erfolgreichen Gespräche wurde schließlich 1979 von der Orthodoxen Kirche blockiert. Während der Ära von Nicolae Ceaușescu (1965–1989), der die stalinistische Diktatur durch eine national gefärbte Diktatur ablöste, dauerte die Unterdrückung der katholischen Kirche somit an. Der Vatikan hielt sich während dieser Jahre aber immer abwartend und geduldig bereit zu Verhandlungen.

DDR: Kirche im realexistierenden Sozialismus

Das Verhältnis zwischen dem Vatikan und der Deutschen Demokratischen Republik (DDR) unterschied sich wesentlich von den bilateralen Verhältnissen zwischen dem Vatikan und den übrigen sowjetischen Satellitenstaaten. In der DDR war aufgrund des Verdienstes der katholischen Kirche in der Bundesrepublik Deutschland das Verhältnis zwischen Kirche und Staat nicht annähernd so gespannt, wie in den anderen kommunistischen Staaten.

Zum Zweck der „Normalisierung" ihres politischen Verhältnisses zur DDR schloss die Bundesrepublik Deutschland unter Bundeskanzler (1969–1974) Willy Brandt (1913–1992) im Jahre 1970 Verträge mit der Sowjetunion und mit Polen ab. Nach einem Machtwechsel in der DDR zugunsten des neuen Staatsratsvorsitzenden Erich Honekker (1912–1994) ermutigte zusätzlich die Neuregelung der Bistumsfrage in Polen durch Paul VI. die DDR, in einem Memorandum an den Heiligen Stuhl im Juli 1972 „die Einrichtung selbständiger Bistumsgebiete für das Territorium der DDR" zu fordern. Die Angleichung der Diözesangrenzen an die innerdeutsche Grenze zur Bundesrepublik Deutschland hätte eine Sanktionierung der staatlichen Grenzen und damit eine Anerkennung dieses deutschen Teilstaates bedeutet. D. h., anders als in den übrigen Ostblockstaaten war es die DDR, die vom Vatikan Entscheidungen zu ihren Gunsten wünschte, um sie freilich dann propagandistisch gegen den anderen deutschen Teilstaat einzusetzen.

Als Gegenangebot sah die DDR-Führung vor, den Bischof von Berlin öfters in den freien Westteil der Stadt Berlin reisen zu lassen, der ebenfalls zu seinem Bistum gehörte.

Völlig unabhängig von konkreten Vorstellungen der DDR-Kirche und ohne eine vorherige Konsultation der DDR-Bischöfe verhandelten vatikanische Vertreter unter der Leitung von Casaroli seit 1973 direkt mit SED-Politikern und DDR-Diplomaten. Ganz im Sinne der DDR-Regierung kündigte Casaroli als ersten Schritt die Gründung von apostolischen Administraturen an; ferner wurde vereinbart, die diplomatischen Kontakte künftig über die DDR-Botschaft in Rom laufen zu lassen. Und was viel entscheidender war: Der Vatikan und die DDR beabsichtigten, offiziell diplomatische Beziehungen aufzunehmen.

Bedenken von seiten der ostdeutschen Kirche gegen die Verselbständigung der kirchlichen Jurisdiktionsbezirke in der DDR nahm man im Vatikan wohl zur Kenntnis. Die Vorsitzenden der Berliner und der Deutschen Bischofskonferenz, Kardinal Alfred Bengsch (1921-1979; 1961 Bischof von Berlin) und Julius Döpfner (1913–1976) sprachen sich permanent ab und lehnten einvernehmlich die vatikanische Linie zur Anpassung der kirchlichen Grenzen an die staatlichen Grenzen ab. Die übrigen Bischöfe bzw. Weihbischöfe in der DDR sympathisierten mit der vatikanischen Linie, denn sie erhofften sich dadurch eine Aufwertung ihrer eigenen Stellung zu Ortsbischöfen.

Sehr zum Entsetzen konservativer und christdemokratischer Politiker der Bundesrepublik unterstützte der Vatikan offenbar die Ostpolitik der sozial-liberalen Bundesregierung unter Willy Brandt.

Sein sozialdemokratischer Nachfolger, Bundeskanzler Helmut Schmidt (*1925), gab sich als Antikommunist. Besorgt schrieb deswegen Kardinal Döpfner an Papst Paul VI.:

> „Es wäre verhängnisvoll, wenn der Eindruck entstünde, die [sozialdemokratische] Bundesregierung lehne den Kommunismus entschiedener ab als die katholische Kirche“.

Viele Menschen waren über die vatikanische Haltung verstört und verunsichert.

1975 verhandelte Casaroli in Ost-Berlin mit dem Außenminister der DDR. Unbeeindruckt von harter Kritik aus der Bundesrepublik Deutschland beabsichtigte der Vatikan, eine eigene Bischofskonferenz in der DDR zu begründen. Am 25. September 1976 erfolgte mit päpstlicher Zustimmung die Errichtung der Berliner Bischofskonferenz; ihre Errichtung war ein Präjudiz in bezug auf die völkerrechtliche Anerkennung der DDR.

Zwei Jahre später wurde die Gründung der DDR-Bistümer per Dekret im Mai 1978 bei den Regierungen in Bonn und in Ost-Berlin angekündigt. Doch es kam nicht zur Unterzeichnung des entscheidenden päpstlichen Dekretes, weil Paul VI. zuvor starb. Sein Nachfolger Johannes Paul II. war an einer Angleichung der Kirchen- an die Staatsgrenzen in der DDR nicht mehr interessiert.

Religionsfreiheit im Prinzipiendekalog der KSZE

1973 bis 1975 nahm der Vatikan mit lebhaftem Interesse an den Verhandlungen der KSZE („Konferenz für Sicherheit und Zusammenarbeit in Europa") in Helsinki teil, die mit ihren Folgekonferenzen in Belgrad (1977–1978), Madrid (1980–1983) und Wien (1986–1989) das Kernstück einer multilateralen Ost-West-Entspannungspolitik in Europa bildeten. Die Teilnahme von Erzbischof Agostino Casaroli an der Helsinki-Konferenz erregte zunächst starke Verwunderung und insbesondere bei Diplomaten aus dem Ostblock Unverständnis. Dabei nutzte der Vatikan seine Chancen genauso wie die anderen Teilnehmerstaaten des Westens, an einer europäischen Entspannungspolitik teilzunehmen.

Casarolis Verhandlungsgeschick ist es zu verdanken, dass – weit über die sowjetische Verfassungswirklichkeit hinausgehend – neben den Menschenrechten und Grundfreiheiten wie Gedanken-, Gewissens- oder Überzeugungsfreiheit eben auch die Religionsfreiheit in den „Prinzipiendekalog" (Korb I) der Schlussakte von Helsinki vom 1. August 1975 aufgenommen wurde.

Ferner hatte Casaroli, dessen Name zum Synonym für die päpstliche Ostpolitik Pauls VI. geworden ist, am Rande der Konferenz inoffizielle Kontakte zu Spitzenpolitikern der Ostblockstaaten aufgenommen.

Schon am 12. November 1973 konnte aufgrund dieser ersten Kontakte der polnische Minister und Vizepräsident der „Nationalen Einheitsfront" Stefán Olszowski (1971–1976 und 1982–1985) von Paul VI. im Vatikan empfangen werden. Ergebnis der Privataudienz war die Bereitschaft beider Gesprächspartner, einen „modus vivendi“ zu finden und „die Probleme des Apostolischen Stuhls und der Kirche in Polen zu lösen“. Drei Monate später reiste Casaroli nach Polen. Weitere Reisen in Ostblockstaaten sollten in den nächsten Jahren folgen.

Auf den KSZE-Konferenzen und seit 1995 ihrer Nachfolgeorganisation der OSZE („Organisation für Sicherheit und Zusammenarbeit in Europa“) wurde der Heilige Stuhl mehrfach zum Sachwalter der geistigen und sittlichen Werte in der von christlichen Werten geprägten europäischen Kultur und war maßgeblich an der „humanen Dimension“ der zukünftigen Entspannungspolitik beteiligt.

Verhandeln statt Verdammen

Die Ostpolitik Pauls VI. kennzeichnete der Journalist Hansjakob Stehle mit der Parole „Verhandeln statt Verdammen“. Paul VI. hat umfangreiche Konzessionen an die kommunistischen Machthaber gemacht, die das Leben der Gläubigen erleichtern und ihre seelsorgliche Betreuung und Versorgung mit den Sakramenten garantieren sollten. Sichtbares Zeichen dieser Dialog- und Konzessionsbereitschaft war die Aufforderung Pauls VI. an Kardinal Mindszenty, Ungarn zu verlassen. So gab die Politik des Heiligen Stuhls damit zentrale Positionen auf, und die Lebensbedingungen der Christen in den osteuropäischen Staaten blieben dennoch unverändert. Besonders jener Teil des Klerus, der weiterhin unter Schikanen, Folter und Gefängnis zu leiden hatte, fühlte sich von dieser päpstlichen Politik im Stich gelassen. Die, die das schwere Kreuz der Verfolgung trugen, fühlten sich übergangen.

Resümee der Ostpolitik Pauls VI.

Aus der Sicht der Regierungen der Ostblockstaaten war die vom Vatikanischen Konzil signalisierte Bereitschaft zum Dialog ein willkommener Anlass, mehr oder weniger intensive Kontakte zu pflegen und Vereinbarungen zu treffen, um einen offenen Kampf gegen die Kirche zu vermeiden, wie er in den ersten Nachkriegsjahren im Kommunismus stalinistischer Prägung noch möglich war und aus kommunistischer Sicht erforderlich schien.

Willkommen war manchen Ostblockstaaten die vatikanische Offerte zum Dialog u. a., weil man sich darüber im klaren war, dass der eigene kommunistische Staat von innen her ausbluten würde, wenn er weiter auf die Unterdrükkungsmechanismen des Stalinismus setzte.

Für die sozialistischen Regierungen waren Verhandlungen mit dem Vatikan immer zugleich ein Mittel der Disziplinierung ihres katholischen Bevölkerungsteils. Man konnte auf die Kirche im eigenen Lande Druck ausüben, indem man auf schwebende Verhandlungen mit der päpstlichen Zentralgewalt hinwies, die doch auch im Sinne der Ortskirche waren.

Bei aller scheinbaren Euphorie zur Verhandlung gab sich wenigstens Agostino Casaroli immer völlig illusionslos. Ihm war klar – auch wenn er das öffentlich nicht formulierte –, dass eine ideologische Koexistenz zwischen Kommunismus und Kirche weiterhin ausgeschlossen blieb. An der antikirchlichen und atheistischen Ideologie hatte sich auch in der Phase der sogenannten Entspannungspolitik nichts geändert. Wirkliche Religionsfreiheit erhielt die Bevölkerung in den sozialistischen Staaten erst in der Wendezeit 1989/90.

Das Urteil über die vatikanische Ostpolitik ist und wird ein zwiespältiges bleiben: Auch wenn es dem Vatikan gelang, die kirchliche Hierarchie im Ostblock aufrechtzuerhalten, indem der Regierung genehme Bischöfe ernannt wurden, wurden die Regime gestärkt und die jeweiligen Dissidenten vor Ort geschwächt.

Agostino Casarolis Lebenserinnerungen sind überschrieben mit dem Titel „Il martirio della pazienza“ (Das Martyrium der Geduld). Diese Phrase beschreibt, dass die Geduld, die er als päpstlicher Unterhändler mitzubringen hatte, nicht selten für ihn ein „Martyrium“ war, weil die Kommunisten zermürbende Verhandlungstaktiken führten. Das Wort Martyrium weist aber zugleich darauf hin, was die Kirche in den kommunistischen Ländern zu erdulden hatte.

Johannes Paul II.: Wende in der päpstlichen Ostpolitik

Eine unübersehbare Signalwirkung und entscheidende Wende in der Ostpolitik der Päpste ging von der überraschenden Wahl des Krakauer Erzbischofs Karol Wojtyla zum Papst am 16. Oktober 1978 aus. Es war ein Ereignis, dass nicht nur die kommunistischen Machthaber in Polen mit zwiespältigen Gefühlen aufnahmen. Dieser Papst kannte die kirchenpolitischen und religiösen Verhältnisse in Osteuropa aus eigener Anschauung. Es war zu erwarten, dass seine Ostpolitik nicht vom grünen Tisch aus gemacht würde.

1979 bereiste er erstmals sein Heimatland Polen als Papst Johannes Paul II. Der Slawe auf dem Papstthron hatte die geistige und religiöse Einheit eines christlichen West- und Osteuropa als seine ureigene Mission beschworen. Er wusste, was es an Mut auf beiden Seiten bedurfte, dass sein Besuch in Polen überhaupt zustande kam.

Kritiker der bisherigen Ostpolitik des Vatikans hatten nun erwartet, dass Johannes Paul II. den bisher für die Politik verantwortlichen Kardinalstaatssekretär Agostino Casaroli, den „Baumeister der Paulinischen Ostpolitik“, der bereits unter drei Päpsten gedient hatte, abberufen würde. Doch der Papst ließ ihn im Amt als Zeichen der Kontinuität und Verlässlichkeit päpstlicher Außenpolitik, während er gleichzeitig in seinen Verlautbarungen und Bischofsernennungen vorsichtig einen neuen, „realistischen“ Weg einschlug.

Solidarność und Heiliger Stuhl

Die Tatsache, dass ein Landsmann Papst war, war eine besondere Ermutigung für jene polnischen Arbeiter, die sich im Sommer 1980 unter der Bezeichnung Solidarność als neue polnische Gewerkschaft zusammenschlossen. Denn aus ihr ging eine Streikbewegung hervor, die unter der Führung von Lech Wałęsa und der Unterstützung von Intellektuellen und der katholischen Kirche in Konfrontation zum kommunistischen Polen trat. Höhepunkt der Auseinandersetzungen war die Ausrufung des Kriegszustands in Polen in der Nacht vom 12. zum 13. Dezember 1981. Die Arbeit der Gewerkschaft wurde verboten, bis am 8. Oktober 1982 die Solidarność selbst endgültig verboten wurde.

Die polnische Streikbewegung war wesentlich an dem Zusammenbruch des Sowjet-Kommunismus beteiligt. Nicht nur mit seiner offenkundigen Sympathie für seine Landsleute unterstützte Johannes Pauls II. die Bewegung. Vor allem auf geheimdiplomatischem Wege war der Papst an der Auflösung der Sowjetunion und damit dem Ende des Ost-Westkonflikts beteiligt. Der Papst hatte schon durch seine Besuche einen bedeutenden Brückenschlag gewagt. Freilich waren wirtschaftliche Schwierigkeiten der Sowjetunion und ihrer „Bruderrepubliken“ maßgeblich an dem Zerfall des menschenverachtenden Ostblocks beteiligt. Auch die mit kirchlichem Beistand in Polen tätige Massenbewegung und erste unabhängige Gewerkschaft Solidarność trug ihren Teil dazu bei, dass der Generalsekretär der KPdSU, Michail Gorbatschow (1985–1991, 1990–1991 Staatspräsident), „Perestrojka“ zu seinem Regierungsprogramm machte und damit eine langsame Öffnung zum Westen anstieß.

Der ehemalige Pressesprecher von Johannes Paul II., Joaquín Navarro-Valls (*1936), bemerkte 2009 zum Beitrag von Johannes Paul II. am Untergang des Kommunismus mit wohlgesetzten diplomatischen Worten:

„Und was in Polen geschehen war, hatte mit seinen zwei ersten Reisen als Papst zu tun. Ohne diese Reisen hätten wahrscheinlich die Streiks von Solidarność nicht jene Dimension erreicht. Aber den Aspekt, den er nicht gelten lassen wollte, war, Protagonist zu sein. Er sprach von einer hundertprozentigen göttlichen Entscheidung. Vor allem die Art des Wechsels, ohne Blutvergießen – mit Ausnahme von Rumänien –, war so außerhalb des Voraussehbaren, dass er es als ein Zeichen des Wirken Gottes in der Geschichte interpretierte. Und deswegen empfand er seinen Protagonismus als unbedeutend."

Diplomatische Beziehungen in Osteuropa seit 1989

Mit allen ehemaligen Ostblockstaaten, auch mit Russland und der Ukraine, wurden seit 1989 volle diplomatische Beziehungen hergestellt. Auslöser war der Besuch Gorbatschows beim Papst am 1. Dezember 1989. Innerhalb von zwei Jahren konnten alle während der kommunistischen Herrschaft unbesetzt gebliebenen Bischofsstühle von Litauen bis Bulgarien und von Weißrussland bis Sibirien besetzt werden, was zweifelsohne kirchenpolitisch höchste Anforderungen an die vatikanische Diplomatie stellte.

In der Person Johannes Pauls II. werden angesichts der politischen Wende im Ostblock zwei gegensätzliche Bewertungen deutlich: Während der Papst aufgrund seiner starren Haltung in moralischen Fragen in gewissen Teilen des Kirchenvolkes an Ansehen verlor, waren es Politiker wie Gorbatschow, die dem Papst das politisch-historische Zeugnis ausstellten, dass ohne diesen Papst der Untergang des Kommunismus unmöglich gewesen wäre. Und noch ein weiterer Gegensatz tat sich auf: War eine der Erfolgsformulierungen aus der Zeit der Öffnung der Ostblockstaaten die

Betonung der Einheit Europas und damit die Betonung der supranationalen Weltkirche, so waren es auf der römischen Bischofssynode 1991 gerade die Bischöfe aus dem Osten, die davor warnten, dass weniger ein religiöses als vielmehr ein nationales Erwachen, auch wenn es manchmal religiös verbrämt sei, zum Aufkeimen käme. Bei der Erfüllung ihres Grundauftrages galt es nicht an frühere, überholte Formen anzuknüpfen, sondern neue pastoralstrategische Konzepte zu erarbeiten. Neuer Konfliktstoff mit alten Wurzeln kam jetzt zum Vorschein, seit der große Gegner (der Kommunismus) im Osten fehlte. Es waren die interkonfessionellen und rassistischen Ressentiments zwischen orthodoxen Russen und unierten Katholiken, die die polnische Nuntiatur schon seit ihren Anfängen im Jahre 1555 beschäftigt hatten. Gleiches also, was im ehemaligen Jugoslawien auf kriegerische Weise seit 1990 ausgetragen wird.

Die vatikanische Ostpolitik war mit der Beseitigung der kommunistischen Diktatur nicht zu Ende, sondern trat nur in eine neue Phase. So ließ sich der Papst seit der Wende während seiner Pastoralreisen in die ehemaligen Ostblockstaaten nicht als Sieger über den Marxismus feiern, sondern trat als Warner vor einer westlichen Ansteckungsgefahr, die praktischen Materialismus und religiösen Indifferentismus bringe, auf. Die äußere Freiheit könne nur mit einer inneren Befreiung erreicht werden. Der Preis der Freiheit war offensichtlich sehr hoch. Doch zwischen fatalistischem Pessimismus und dem Trauern nach vergangenen, vermeintlich besseren Zeiten, gab sich auch Johannes Paul II. keinen Illusionen hin. Er hielt aber an seiner „Vision Europas als eines geistig-materiellen Ganzen" fest, wie er in seiner Ansprache vor dem Diplomatischen Korps am 8. Juni 1991 in Warschau erklärte.

Bestandsaufnahme zu Beginn des 21. Jahrhunderts

„Vergleiche, o Kaiser, deine Würde und die des Oberhauptes der Kirche. Wirf einen Blick auf die lange Reihe derer, die die Kirche verfolgt haben, sie sind gefallen, die Kirche aber wächst an Macht durch die Verfolgung, die sie erleidet“.

Papst Symachus (498–514) an
Kaiser Anastasius I. (491–518)

Leistungen

Zu den großen Leistungen der Papstdiplomatie im ausgehenden 20. Jahrhundert zählte der Beitrag Papst Johannes Pauls II. am Untergang der Kommunismus in Europa. Der Zerfall der Sowjetunion, die Entstehung neuer Staaten in Osteuropa, das Schwinden des sowjetkommunistischen Einflusses in afrikanischen sowie mittel- und südamerikanischen Staaten verschob die weltpolitischen Kräfte. Sah es zunächst so aus, als ob die USA als einzige Weltmacht übriggeblieben wären, so wurde schnell deutlich, dass Russland unter dem russischen Präsidenten (1991–1999) Boris Jelzin (1931–2007) und insbesondere dann unter dem russischen Ministerpräsidenten bzw. Präsidenten (seit 1999) Wladimir Putin (*1952) sehr schnell das zuvor entstandene Vakuum ausfüllen konnte. Die unermesslichen Rohstoffvorkommen (Erdöl und Gas) trugen dazu bei, dass Russland nicht nur wirtschaftlich, sondern auch politisch einflussreich wurde und Supermacht blieb. Hinzu aber kamen neue Supermächte wie China, die im Schatten der europäisch-amerikanisch zentrierten Welt schnell Einfluss auf die Weltwirtschaft nahmen.

So groß der Beitrag des Papsttums an der Entwicklung zur hier skizzierten derzeitigen weltpolitischen Lage war, so gering erscheint heute sein Einfluss. Das Papsttum erscheint manchem gar als Anachronismus. Bei genauerem

Hinsehen trifft die Einschätzung jedoch nicht zu. Nicht zuletzt die Teilnahme von 3,5 Millionen Menschen und 200 Staats- und Regierungschefs an der Trauerfeier für Johannes Paul II. am 8. April 2005 oder die 1,1 Millionen Gläubigen beim Gottesdienst mit Benedikt XVI. auf dem 20. Weltjugendtag in Köln am 21. August 2005 sind Beleg für das Gegenteil. Im Alltag verblassen die Erinnerungen an solche Ereignisse sehr schnell angesichts latenter Kirchen- und Papstkritik, von denen wenigstens in der Bundesrepublik Deutschland immer die gleichen schrillen und lauten Töne die übermäßige Beachtung der Medien erhalten.

Leise und langsam

Neben dem, was – wenigstens für Deutschland gesprochen – in der Presse Resonanz findet, erfolgt Papstdiplomatie leise, unbemerkt und professionell. Die zahllosen diplomatischen Beziehungen des Heiligen Stuhls wurden erst Ende des Zweiten Weltkrieges entwickelt, als das Papsttum als anerkannte moralische Autorität gestärkt aus den Konflikten und Schlachtfeldern der Welt hervorging. Die strikte Verfolgung des gegen Ende der Napoleonischen Ära erkannten göttlichen Friedensauftrags machte den Papst und seine Diplomaten in höchstem Maße attraktiv.

Seit die Staatsoberhäupter demokratisch gewählt werden, gibt es auch keine katholischen Staaten mehr. Aber schon vorher hat sich die päpstliche Diplomatie von dem aus der Gegenreformation stammenden Grundsatz verabschiedet, nur mit katholischen Mächten in Verbindung zu treten. Längst beschränkt sich Papstdiplomatie nicht mehr nur auf die Wahrnehmung katholischer Angelegenheiten, auch wenn der Prozess der Verkirchlichung der Nuntiaturen bei der Zunahme der laizistischen Staaten und Regierungen seit dem Zweiten Weltkrieg fortgeschritten ist.

Die päpstliche Kurie hat sich schon während der zwei Weltkriege nicht ihrer Verantwortung für die Menschen entzogen. Ihr weltumspannender, weil „katholischer“ Auftrag wurde mehr und mehr anerkannt. Nicht umsonst suchten seit dem Zweiten Weltkrieg auch Staaten ohne nennenswerte Katholikenzahlen mit dem Vatikan den Austausch von Diplomaten. Andererseits unterhielten Staaten mit großen katholischen Bevölkerungsanteilen lange Jahre aus historischen Gründen keinen oder nur eingeschränkten diplomatischen Kontakt. Nicht selten wollten derlei Staaten eine Aufwertung der Kirche vermeiden. Sie haben damit aber letztlich nur sich selbst geschadet und früher oder später dann doch diplomatische Beziehungen mit dem Heiligen Stuhl aufgenommen.

Zu den Staaten, die erst jüngst (2007) diplomatische Beziehungen mit dem Heiligen Stuhl aufgenommen haben, gehören die Vereinigten Arabischen Emirate (VAE). Hier lebt und arbeitet immerhin fast eine Million Christen. Die Emirate haben darüber hinaus im Jahre 2010 mit Hissa Abdulla Ahmed Al-Otaiba sogar eine Frau als Botschafterin an den Heiligen Stuhl gesandt. Es ist noch nicht lange her, dass eine solche Personalentscheidung undenkbar gewesen wäre.

Im März 2010 unternahm Russland einen weiteren Schritt zur Aufnahme voller diplomatischer Beziehungen mit dem Vatikan. Putin ordnete an, die bisherige Vertretung beim Vatikan zu einer ordentlichen Botschaft aufzuwerten. Das erstaunt, weil Russland aus Sorge, das Oberhaupt der katholischen Kirche könnte der russisch-orthodoxen Kirche Gläubige abspenstig machen, bis heute einen Besuch des Papstes ablehnt.

Gründlichkeit versus Schnelllebigkeit

Die päpstliche Diplomatie war im Mittelalter und in der Frühen Neuzeit stark von den päpstlichen Gesandten und Nuntien und erst seit dem 20. Jahrhundert zusehends von den Päpsten und ihren Kurienmitarbeitern beherrscht. Das liegt zum einen an dem stärkeren Ausbau des zentralistischen kurialen Verwaltungsapparates. Zum anderen aber ist die Welt angesichts der Medien und der neuen Kommunikationsmittel wie Telefon, Fax und Internet „kleiner“ geworden bzw. enger zusammengewachsen. Die Möglichkeit, auf ein Ereignis in der Welt schnell(er) reagieren zu können, macht unsere Zeit auch sehr schnelllebig und zwingt die politisch Handelnden, umgehend zu reagieren. Der Heilige Stuhl hat sich diesem Druck bislang entzogen.

Noch heute dauert es manchmal Wochen, bis der Heilige Stuhl zu komplexen Vorgängen umfassend Stellung bezieht. Dass der Heilige Stuhl mehr Zeit für Entscheidungen braucht, liegt auch daran, dass die Berater des Heiligen Stuhls, die Mitglieder der einzelnen päpstlichen Kongregationen und Räte über die ganze Welt verteilt sind und eigens zu den Beratungen zusammengerufen werden müssen. Denn spätestens mit dem Amtsantritt von Johannes Paul II. ist auch die bis dahin italienisch dominierte Kurienverwaltung internationaler geworden.

Und noch heute werden Falschmeldungen und Gerüchte über Vatikan und Papst nicht dementiert. Damit entzieht sich der Heilige Stuhl keineswegs seiner Verantwortung; im Gegenteil: Wohlüberlegt und theologisch zuverlässig bezieht der Heilige Stuhl – nicht selten als Einziger – politische Positionen.

Mit den modernen Errungenschaften auf dem Gebiet der Kommunikation und der Informationsvermittlung und insbesondere bedingt durch den Druck und die Macht der Medien scheinen auch in der Diplomatie schleichende Veränderungen eingetreten zu sein. Sie können zuletzt an der sogenannten Papstkritik der Bundeskanzlerin der Bundesrepublik Deutschland (seit 2005), Angela Merkel (*1954), am 3. Februar 2009 ausgemacht werden.

Ohne Not und ohne einen Druck der Medien, aber offensichtlich im Einvernehmen mit ihren Beratern, kritisierte Merkel Papst Benedikt XVI. Dieser hatte am 21. Januar 2009 vier Bischöfe der Priesterbruderschaft St. Pius X., die von Erzbischof Marcel Lefebvre (1905–1991) geweiht worden waren, von der Kirchenstrafe der Exkommunikation befreit. Es war ein rein innerkirchlicher Akt der Versöhnung mit dem Ziel, den Dialog der katholischen Kirche mit den Anhängern Lefebvres nach 20 Jahren Stillstand zu eröffnen. Nun hatte aber einer ihrer Bischöfe, der Brite Richard Williamson (*1940) in einem lange zurückreichenden Interview Äußerungen getätigt, die den Holocaust relativieren und nach Bekanntwerden der päpstlichen Entscheidung in die Öffentlichkeit lanciert wurden. Derartige Äußerungen sind in Deutschland seit Inkrafttreten des Gesetzes zur Änderung des Strafgesetzbuches vom 28. Oktober 1994 strafbar.

Der Vatikan hatte sich von dem Interview Williamsons sofort und unmissverständlich distanziert, deswegen aber keineswegs seine Befreiung von der Exkommunikation rückgängig gemacht. Eine entsprechende Erwartungshaltung war aber durch die Medien geschürt worden.

Bundeskanzlerin Merkel hatte bemerkenswerterweise ihre Kritik in der gemeinsamen Pressekonferenz mit ihrem Staatsgast Nursultan Abischewitsch Nasarbajew (* 1940), dem Präsidenten von Kasachstan, vorgetragen. Kasachstan steht aber im Ranking jener Staaten, die Menschenrechte missachten, weltweit auf einem der obersten Plätze. Ausgerechnet in Gegenwart dieses Präsidenten hatte Merkel den Heiligen Stuhl und mit ihm die katholische Kirche in eine diffamierende Schieflage gebracht. Denn sie setzte den Heiligen Stuhl dem Verdacht aus, die Meinung des Bischofs Williamson zu teilen.

Paradigmenwechsel in der Diplomatie

Unabhängig davon, dass Benedikt XVI. sich zuvor längst unmissverständlich von jeglichem Antisemitismus und jeder Relativierung des Holocaust distanziert hatte, brach Merkel mit ihrer Kritik mit einer seit der Frühen Neuzeit üblichen diplomatischen Usance. Statt zum Beispiel den päpstlichen Nuntius durch den Außenminister einzubestellen und den Austausch von Verbalnoten vorbereiten zu lassen, hatte sich die Bundeskanzlerin persönlich vor laufender Fernsehkamera öffentlich geäußert.

Die harschen – gleichgültig, ob berechtigten oder unberechtigten – Urteile über die Papstkritik von Merkel versperren den Blick darauf, dass sich hier offenbar ein Paradigmenwechsel in der Diplomatiegeschichte manifestiert. Ohne Rücksicht auf jahrhundertealte diplomatische Gepflogenheiten wurden die Medien informiert, bevor diplomatische Wege beschritten worden waren.

Ähnlich ging bereits der Bundeskanzler der Bundesrepublik Deutschland, Gerhard Schröder (*1944), vor, der seine Absage an einer deutschen Beteiligung am Irak-Krieg 2003 den amerikanischen Präsidenten (2001–2009) George W. Bush (* 1946) nicht persönlich mitteilte, sondern zuerst die Presse informierte. Auch hier wurden von deutscher Seite diplomatische Grundregeln verletzt.

So lange es sich hierbei nur um undiplomatische Alleingänge handelt, sind die Nuntien und Gesandten noch nicht überflüssig. Aber die diplomatischen Gepflogenheiten haben sich spürbar verändert. Nicht ohne Grund fühlen sich viele Botschafter als „bessere“ Reiseveranstalter für ihre Außenminister und als Kulturinstitute ihrer Regierungen. Denn in kritischen Fällen ist es dem schnell anreisenden Außenminister selbst möglich, an allen Orten der Welt persönlich zu erscheinen, was einem Botschafter letztlich nur wenig Handlungsspielraum einräumt.

Christus den Menschen nahebringen

Auch Papst Johannes Paul II. hat sich – wie vor ihm kein zweiter Papst – die schnellen Transportmöglichkeiten für seine Pastoralreisen in alle Kontinente zunutze gemacht. Seine teilweise spektakulären Reisen – nicht zuletzt nach Kuba 1998 oder auf den afrikanischen Kontinent – sind Ausdruck eines tiefen Wunsches, in der ganzen Welt auch persönlich präsent zu sein. Eine solche Präsenz kann nicht durch Fernsehen und Rundfunk ersetzt werden. Doch Reisen ersetzen auch die diplomatischen Kontakte eines Nuntius nicht. Seine Aufgabe wird es weiterhin bleiben, bei den jeweiligen Regierungen die Sympathien oder wenigstens Achtung gegenüber der katholischen Kirche aufrechtzuerhalten, zu den Bischöfen, zum Klerus und zum Kirchenvolk intensive Kontakte zu pflegen sowie geeignete Kandidaten für anstehende Bischofsernennungen zu benennen.

All das kann von einer päpstlichen Zentralverwaltung im Vatikan nicht geleistet werden; es erfordert auch zukünftig einen ständigen päpstlichen Nuntius im Spannungsverhältnis von Kirche und Staat sowie Ortskirche und Papsttum.

Der Papst verfügt über eines der dichtesten diplomatischen Netze. Nach den Vereinigten Staaten von Amerika und der Bundesrepublik Deutschland unterhält der Vatikan die höchste Anzahl an diplomatischen Missionen.

Im Gegensatz zum Gesandtschaftswesen des Mittelalters geht es heute jedoch nicht mehr um den Ausbau der weltlichen Macht der Päpste. Vielmehr sind es fast ausschließlich kirchliche Belange, die die Nuntien in den einzelnen Ländern zum einen zwischen den örtlichen Bischofskonferenzen, zum anderen auch gegenüber den jeweiligen Regierungen vertreten.

Rückblick auf 2000 Jahre Geschichte

Die Diplomatie der Päpste hat sich in den annähernd 2000 Jahren des Bestehens des Christentums wesentlich verändert. Der Beitrag der päpstlichen Gesandten in der christlichen Antike war es, den Anspruch des Bischofs von Rom als Petrus-Nachfolger und damit seine herausgehobene Stellung in der Kirche zu begründen. Im christlichen Europa des Mittelalters waren sie beteiligt, die Macht der Päpste zu erhalten und aufzubauen. Nicht zuletzt mit der Entstehung der christlichen Konfessionen in der Frühen Neuzeit standen innerkirchliche Aufgaben im Vordergrund. Das Papsttum reagierte damit auf die veränderten Vorzeichen in Politik und Gesellschaft, aus denen es zusehends zurückgedrängt bzw. marginalisiert wurde. Mit der Beschränkung auf innerkirchliche Aufgaben, insbesondere nach dem Trienter Konzil, rückte der Aspekt der Sozialdisziplinierung des Kirchenvolkes und der Geistlichkeit in den Vordergrund der Tätigkeit der Nuntien.

Im 19. Jahrhundert wurden die Päpste zu einer anerkannten moralischen Autorität, die freilich im Jahrhundert der beiden Weltkriege von den Diktatoren in Europa nicht mehr gefragt war.

Nach dem Zweiten Weltkrieg waren die Päpste im kommunistischen Machtbereich gefürchtet. In den modernen Industriegesellschaften blieben ihre Botschaften vielfach ungehört. Mit der Zurückdrängung der Kirche aus dem öffentlichen Leben durch die modernen Ideologien, die totalitären Staaten des 20. Jahrhunderts und die laizistischen Konsumgesellschaften geriet die humane Aufgabe in den

Blickpunkt der päpstlichen Diplomatie. Unabhängig von Religion und Konfession setzten sich päpstliche Diplomaten in allen Ländern und in internationalen Vereinigungen für Menschenrechte und Grundrechte ein. Voraussetzung war, dass der Papst als moralische Autorität anerkannt wurde.

Dass der Einsatz für eine menschlich gestaltete Zukunft zugleich eine politische Dimension umfasst, zeigt das Engagement der Päpste und ihrer Diplomaten in jenen Ländern, in denen Menschen- und Freiheitsrechte mit Füßen getreten werden. Gerade die vor 12 Jahren erfolgten Besuche von Papst Johannes Paul II. in Kuba und Namibia (1998) verdeutlichten der Weltöffentlichkeit erneut, dass der Papst bei seinem Kampf gegen Ungerechtigkeit und Armut nicht zurückschreckt, auf die Ursachen, nämlich Missbräuche in der Politik und Verletzung der Menschenwürde, hinzuweisen. Triebfeder seines Einsatzes ist der Gedanke, Christus den Menschen nahezubringen.

Moralische Autorität

Die Möglichkeiten päpstlicher Einflussnahme sind im Laufe der Jahrhunderte schrittweise zurückgedrängt worden. Bei den Kirchenverfolgungsmaßnahmen in den europäischen Nationalstaaten und den im 19. Jahrhundert unabhängig gewordenen neuen Staaten in Übersee konnten die Päpste vielfach nur zusehen. Der Aktionsradius ihrer Nuntien und Gesandten wurde durch kirchliche Gesetzgebung und die darin zum Ausdruck gebrachte, freiwillig – dem Zeitgeist entsprechend – auferlegte Selbstbeschränkung auf innerkirchliche Bereiche reduziert.

Der Papst selbst wird heute vielfach nur noch als eine moralische Autorität betrachtet, was Johannes Paul II. – wie schon 1962 Papst Johannes XXIII. – dennoch den Titel „Mann des Jahres 1994“ der amerikanischen Wochenzeitschrift „Times“ eingebracht hat, was belegt, dass er und auch seine Politik weite Anerkennung erfuhr.

Das macht Autorität aus: dass sie anerkannt wird. So ging auch der US-amerikanische Präsident George W. Bush vor Beginn des Irak-Krieges zu Papst Johannes Paul II., obwohl er genau wusste, dass dieser ihn öffentlich aufrufen würde, auf friedlichem Wege eine Demokratisierung des Landes herbeizuführen und den irakischen Staatspräsidenten (1979–2003) Saddam Hussein (1937–2006) zu entmachten. Johannes Paul II. wusste, wovon er redete, wenn er politische Umwälzungen auf gewaltfreiem Wege einforderte: In Deutschland und zum Großteil im gesamten ehemaligen Ostblock war eben dieses doch gelungen.

Schon Kardinalstaatssekretär Giovanni Battista Montini, der spätere Paul VI., hatte das Ziel internationaler päpstlicher Diplomatie einmal folgendermaßen umrissen:

> „Wenn die weltliche Diplomatie danach strebt, die Welt zu einigen, indem sie die Vernunft der Anwendung von Gewalt vorzieht und die einzelnen Staaten dazu bringt, sich in harmonischer Gemeinschaft einer beständig größer werdenden internationalen Organisation zu entfalten, dann findet sie in der kirchlichen Diplomatie geradezu ein Modell [...] wegen der Ideale, von denen die kirchliche Diplomatie ausgeht und auf sie hinstrebt, nämlich der weltumspannenden, universalen Gemeinschaft aller Menschen".

Nobelpreisverdächtig

Die päpstliche Diplomatie und insbesondere der polnische Papst Johannes Paul II. waren wesentlich am Untergang des Kommunismus beteiligt. Es ist erstaunlich, dass 1971 Willy Brandt, 1978 Anwar al-Sadat und Menachem Begin, 1993 Nelson Mandela, 1994 Yasser Arafat, Shimon Peres, Yitzhak Rabin, 2001 Kofi Annan für die Vereinten Nationen, 2002 Jimmy Carter und 2009 sogar Barack H. Obama den Friedensnobelpreis erhalten haben. Sie alle waren Spitzenpolitiker, die ein gehöriger Machtwille auszeichnete, um erfolgreich zu sein. Sicherlich, auch Mutter Teresa (1979) und der Dalai Lama (1989) sind mit dem Friedensnobelpreis ausgezeichnet worden. Aber ein Papst – auch Papst Johannes Paul II. – zählt bis heute nicht zu den Preisträgern.

Zum einen haben die an den Benennungen beteiligten Politiker (auch in der Bundesrepublik Deutschland) den „unbequemen Rufer in der Wüste", der ein Papst nach eigenem Anspruch sein muss, nie ernsthaft und mit Nachdruck vorgeschlagen. Zum anderen aber ist die Friedensbotschaft des Papstes so selbstredend, dass man eher Politiker mit einem Friedensnobelpreis auszeichnet, bei denen der Dienst für den Frieden nicht selbstverständlich ist, unerwartet offenbar wurde oder neuerdings auch nur erhofft wurde.

Anhang:

Die diplomatischen Vertretungen des Heiligen Stuhls

Beziehungen unterhält der Heilige Stuhl außer mit den nachfolgend aufgeführten Staaten mit der Europäischen Union seit dem 10. November 1970 sowie mit dem Souveränen Malteserorden seit Februar 1930. Besondere Beziehungen unterhält der Heilige Stuhl ferner zu Russland seit dem 15. März 1990 sowie der PLO bzw. den Palästinensischen Autonomiegebieten seit dem 25. Oktober 1994

Keine Beziehungen unterhält der Heilige Stuhl mit: Afghanistan, Bhutan, Brunei, Französisch-Guayana, Komoren, Kosovo, Laos, Malaysia, Malediven, Mauretanien, Myanmar, Nordkorea, Oman, Russland, Saudi-Arabien, Somalia, Tuvalu und Vietnam.

Diplomatische Vertretung
(Stand: Oktober 2009)

in:	**seit:**		
Staaten in Europa			
Albanien	7.9.1991	Luxemburg	1891
Andorra	16.6.1995	Malta	15.12.1965
Belgien	1835	Mazedonien	21.12.1994
Bosnien und Herzegowina	18.8.1992	Moldawien	23.5.1992
		Monaco	1875
Bulgarien	6.12.1990	Montenegro	16.12.2006
Dänemark	2.8.1982	Niederlande	1829
Deutschland	1920	Norwegen	2.8.1982
Estland	3.10.1991	Österreich	9.8.1946
Finnland	1942	Polen	17.7.1989
Frankreich	1509	Portugal	1513
Griechenland	17.7.1979	Rumänien	15.5.1990
Irland	27.11.1929	San Marino	April 1926
Island	Oktober 1976	Schweden	2.8.1982
Italien	24.6.1929	Schweiz	1586
Kasachstan	17.10.1992	Serbien	14.8.1970
Kroatien	8.2.1992	Slowakei	1.1.1993
Lettland	1.10.1991	Sowenien	8.2.1992
Liechtenstein	28.8.1985	Spanien	1504
Litauen	30.9.1991	Tschechien	19.4.1990

Türkei	25.1.1960
Ukraine	8.2.1992
Ungarn	9.2.1990
Vereinigtes Königreich	16.1.1982
Weißrussland	11.11.1992
Zypern	31.1.1973

Staaten in Afrika

Ägypten	23.8.1947
Algerien	6.3.1972
Angola	8.7.1997
Äquatorial-Guinea	24.12.1981
Äthiopien	20.3.1957
Benin	29.6.1971
Botsuana	4.11.2008
Burkina Faso	14.6.1973
Burundi	11.2.1963
Dschibuti	20.5.2000
Elfenbeinküste	26.10.1970
Eritrea	15.7.1995
Gabun	31.10.1967
Gambia	7.6.1978
Ghana	20.11.1975
Guinea	21.6.1986
Guinea-Bissau	12.7.1986
Kamerun	27.8.1966
Kap Verde	12.5.1976
Kenia	19.6.1965
Demokratische Republik Kongo	16.2.1963
Republik Kongo	31.1.1977
Lesotho	11.3.1967
Liberia	15.12.1927
Libyen	10.3.1997
Madagaskar	24.12.1966
Malawi	5.2.1966
Mali	29.10.1979
Marokko	15.1.1976
Mauritius	9.3.1970
Mosambik	14.12.1995
Namibia	12.9.1995
Niger	20.7.1971
Nigeria	20.11.1975
Ruanda	6.6.1964
Sambia	15.5.1965
São Tomé und Príncipe	21.12.1984
Senegal	17.11.1961
Seychellen	27.7.1984
Sierra Leone	30.7.1996
Simbabwe	26.6.1980
Südfafrika	5.3.1994
Sudan	29.4.1972
Swasiland	11.3.1992
Tansania	19.4.1968
Togo	21.4.1981
Tschad	28.11.1988
Tunesien	22.3.1972
Uganda	1.9.1966
Zentralafrikanische Republik	13.5.1967

Staaten in Nordamerika

Kanada	16.10.1969
Mexiko	21.9.1992
Vereinigte Staaten	10.1.1984

Staaten in Mittelamerika

Antigua und Barbuda	15.12.1986
Bahamas	27.7.1979
Barbados	19.4.1979
Belize	9.3.1983
Costa Rica	1908
Dominica	1.9.1981
Dominikanische Republik	1881
El Salvador	1922
Grenada	17.2.1979
Guatemala	16.3.1936
Haiti	1881
Honduras	1908
Jamaika	20.7.1979
Kuba	2.9.1935
Nicaragua	1908

Panama	1923
St. Kitts und Nevis	19.7.1999
St. Lucia	1.9.1984
St. Vincent und die Grenadinen	16.4.1990
Trinidad und Tobago	23.7.1978

Staaten in Südamerika

Argentinien	1877
Bolivien	1877
Brasilien	1829
Chile	1877
Ecuador	1877
Guyana	9.6.1977
Kolumbien	26.11.1835
Paraguay	1877
Peru	1877
Surinam	16.2.1994
Uruguay	1877
Venezuela	1881

Staaten in Asien

Armenien	23.5.1992
Aserbaidschan	23.5.1992
Bahrain	12.1.2000
Bangladesch	25.9.1972
Volksrepublik China	23.10.1942
Georgien	23.5.1992
Indien	12.6.1948
Indonesien	13.3.1950
Irak	26.8.1966
Iran	2.5.1953
Israel	15.6.1994
Japan	März 1942
Jemen	13.10.1998
Jordanien	3.3.1994
Kambodscha	25.3.1994
Katar	18.11.2002
Kirgisistan	27.8.1992
Kuwait	21.10.1968
Libanon	Nov. 1946
Mongolei	4.4.1992
Nepal	10.9.1983
Osttimor	20.5.2002
Pakistan	6.10.1951
Philippinen	8.4.1951
Singapur	24.6.1981
Sri Lanka	6.9.1975
Südkorea	11.12.1963
Syrien	21.2.1953
Tadschikistan	15.6.1996
Thailand	28.4.1968
Turkmenistan	10.7.1996
Usbekistan	17.10.1992
Vereinigte Arabische Emirate	31.5.2007

Staaten in Australien und Ozeanien

Australien	24.3.1973
Cookinseln	29.4.1999
Fidschi	12.9.1978
Kiribati	10.4.1995
Marschallinseln	30.12.1993
Förderierte Staaten von Mikronesien	26.1.1994
Nauru	1.6.1992
Neuseeland	20.6.1973
Palau	17.12.1998
Papua-Neuguinea	7.3.1977
Salomonen	9.5.1984
Samoa	10.6.1994
Tonga	24.8.1994
Vanuatu	20.7.1994

Literatur

Neuerscheinungen zur Geschichte der päpstlichen Diplomatie werden regelmäßig und mit dem Ziel der Vollständigkeit bibliographiert in:
Archivum Historiae Pontificiae, Bd. 1 ff. (Roma 1963 ff.).
Revue d'histoire ecclésiastique, Bibliographie, Bd. 1 ff. (Louvain 1900 ff.).

Acta nuntiaturae gallicae, Bd. 1 ff. (Paris/Rome 1961 ff.).

Actes et documents du Saint Siège relatifs à la seconde guerre mondiale, hg. P. BLET, A. MARTINI, R. A. GRAHAM, B. SCHNEIDER, 11 Bde. (Città del Vaticano 1965–1981).

ADRIÁNYI, G., Die Ostpolitik der Päpste Pius XIII., Johannes XXIII. und Paul VI. (1939–1978) am Beispiel Ungarns, in: M. WEITLAUFF und K. HAUSBERGER (Hg.), Papsttum und Kirchenreform. Historische Beiträge. Festschrift für Georg Schwaiger zum 65. Geburtstag (St. Ottilien 1990), S. 765–786.

ALBERT, M., Nuntius Fabio Chigi und die Anfänge des Jansenismus 1639–1651. Ein römischer Diplomat in theologischen Auseinandersetzungen (Rom/Freiburg i. B./Wien 1988).

ALBRECHT, D., Die Deutschlandpolitik Papst Gregors XV. Die Entwicklung der päpstlichen Diplomatie und die Politik der Häuser Habsburg und Wittelsbach 1621–1623 (München 1956).

ALBRECHT, D. (Bearb.), Der Notenwechsel zwischen dem Heiligen Stuhl und der Deutschen Reichsregierung, 3 Bde. (Mainz 1965–1980).

America pontificia primi saeculi evangelizationis (1493–1592). Documenta pontificia ex registris et minutis praesertim in Archivio Secreto Vaticano existentibus, hg. von J. METZLER, 2 Bde. (Città del Vaticano 1991).

BALDISSERI, L., La Nunziatura in Toscana (Città del Vaticano/Guatemala-City 1977).

BIAUDET, H., Les nonciatures apostoliques permanentes jusqu'en 1648 (Helsingfors 1910).

BLET, P., Papst Pius XII. und der Zweite Weltkrieg. Aus den Akten des Vatikans (Paderborn 2000)

BRECHENMACHER, Th., Der Vatikan und die Juden. Geschichte einer unheiligen Beziehung (München 2005).

BURKHARDT, J., Abschied vom Religionskrieg. Der Siebenjährige Krieg und die päpstliche Diplomatie (Tübingen 1985).

CARDINALE, I., Pontifical Diplomacy (Graz 1959).

CARDINALE, H. E., The Holy See and the International Order (Gerrards Cross 1976).

CASAROLI, A., Il martirio della pazienza. La Santa Sede e i paesi comunisti (1963–89), Introduzione di A. Silvestrini (Torino 2000).

CESARE, R. de, Roma e lo Stato del Papa. Dal ritorno di Pio IX all XX settembre (1850–1870), (Roma 1975).

CIANFARRA, C. M., The Vatican and the Kremlin (New York [o.J.]).

DANIEL-ROPS, H., Die Kirche im Frühmittelalter (München 1953).

EMICH, B., Bürokratie und Nepotismus unter Paul V. (1605–1621) (Stuttgart 2001).

ELZE, R., H. SCHMIDINGER, H. SCHULTE NORDHOLT (Hg.), Rom in der Neuzeit. Politische, kirchliche und kulturelle Aspekte (Wien/Rom 1976).

ENGEL-JANOSI, F., Vom Chaos zur Katastrophe. Vatikanische Gespräche 1918 bis 1938, vornehmlich auf Grund der Berichte der österreichischen Gesandten beim Heiligen Stuhl (Wien 1971).

FATTORINI, E., Germania e Santa Sede. Le nunziature di Pacelli tra la Grande Guerra e la Repubblica di Weimar (Bologna 1992).

FELDKAMP, M. F., Justus Möser in der Auseinandersetzung um die Gerichtsbarkeit der päpstlichen Nuntien 1791, in: Osnabrücker Mitteilungen 101 (1996), S. 263-269.

FELDKAMP. M. F., La diplomazia pontificia. Da Silvestro I a Giovanni Paolo II. Un profilo (Milano 1998).

FELDKAMP, M. F., Die Beziehungen der Bundesrepublik Deutschland zum Heiligen Stuhl 1949–1966. Aus den Vatikanakten des Auswärtigen Amts. Eine Dokumentation (Köln/Weimar/Wien 2000).

FELDKAMP, M. F., Pius XII. und Deutschland (Göttingen 2000).

FRIEDLÄNDER, I., Die päpstlichen Legaten in Deutschland und Italien am Ende des XII. Jahrhunderts (1181–1198) (Berlin 1928).

FINK, U., Die Luzerner Nuntiatur (1586–1873). Zur Behördengeschichte und Quellenkunde der päpstlichen Diplomatie in der Schweiz (Luzern/Stuttgart 1997).

GANZER, K./H. SCHMITZ, Motuproprio über die Aufgaben der Legaten des römischen Papstes (Trier 1970).

GRAHAM, R. A., Vatican Diplomacy. A Study of Church and State on the International Plane (Princeton 1959).

HACHEY, Th. E. (Hg.), Anglo-Vatican Relations, 1914–1939 (Boston 1972).

HALKIN, L.-E., Les Archives des Nonciatures (Brüssel/Rome 1968).

JAITNER, K. (Bearb.), Die Hauptinstruktionen Clemens' VIII. für die Nuntien und Legaten an den europäischen Fürstenhöfen 1592–1605, 2 Bde. (Tübingen 1984).

JANSSEN, W., Die päpstlichen Legaten in Frankreich vom Schisma Anaklets II. bis zum Tode Coelestins III. (1130–1198) (Köln/Graz 1961).

JEDIN, H. (Hg. [Bd. 7 mit K. REPGEN]), Handbuch der Kirchengeschichte, 7 Bde. (Freiburg i.B./Basel/Wien 1962–1979).

JEDIN, H., Nuntiaturberichte und Durchführung des Konzils von Trient. Hinweise und Fragen. In: Quellen und Forschungen aus italienischen Archiven und Bibliotheken 53 (1973), S. 180–213.

KARTTUNEN, L., Les nonciatures apostoliques permanentes de 1650 à 1800 (Genève 1912).

KIRSCH, P., Die päpstlichen Kollektoren in Deutschland während des XIV. Jahrhunderts (Paderborn 1894).

KÖCK, H. F., Die völkerrechtliche Stellung des Heiligen Stuhls (Berlin 1975).

KOLLER, A. (Hg.), Kurie und Politik. Stand und Perspektiven der Nuntiaturberichtsforschung, Tübingen 1998.

KOLTERMANN, U., Päpste und Palästina. Die Nahostpolitik des Vatikans von 1947 bis 1997 (= Jerusalemer Theologisches Forum, Bd. 2), Münster 2001.

KOPIEC, J., Zur Geschichte der Apostolischen Nuntiatur in Polen. In: Römische Quartalschrift 88 (1993), S. 134–155.

LILL, R., Vatikanische Akten zur Vorgeschichte des deutschen Kulturkampfes (Tübingen 1970).

LUKÁCS, L., The Vatican and Hungary 1846–1878. Reports and correspondence on Hungary of the apostolic nuncios in Vienna (Budapest 1981).

LUTZ, H., Nuntiaturberichte aus Deutschland. Vergangenheit und Zukunft einer „klassischen“ Editionsreihe. In: Quellen und Forschungen aus italienischen Archiven und Bibliotheken 45 (1965), S. 274–324.

MARCHI, G. de, Le Nunziature Apostoliche dal 1800 al 1956 (Roma 1957).

MERCATI, A., Raccolta di concordati su materie ecclesiastiche tra la Santa Sede e le autorità civili (Roma 1954).

MÜLLER,, J., Das Friedenswerk der Kirche in den letzten drei Jahrhunderten. Diplomatie des Vatikans im Dienste des Weltfriedens seit dem Kongreß von Vervins 1598. Völkerrechtliche dokumentierte Darlegung in zwei Bänden (Berlin 1927).

NAPOLITANO, M. L., Pio XII tra guerra e pace. Profezia e diplomazia di un papa (1939–1945) (Roma 2002).

Nuntiaturberichte aus Deutschland nebst ergänzenden Aktenstükken I. II. und IV. Abteilung hg. vom Deutschen Historischen Institut in Rom, II. Abteilung hg. vom Österreichischen Historischen Institut in Rom (1892–1994).

OHNSORGE, W., Die Legaten Alexanders III. im ersten Jahrzehnt seines Pontifikats (1159–1169) (Berlin 1928).

ORTE, U. dell', La nunziatura a Vienna di Giuseppe Garampi 1776–1785 (Città del Vaticano 1995).

PACELLI, F., Diario della Conciliazione con verbali e appendice di documenti (Città del Vaticano 1959).

PASTOR, L. von, Geschichte der Päpste seit dem Ausgang des Mittelalters, I–XVI/3 (Freiburg i.B.10–111932/1–71933).

PIEPER, A., Zur Entstehungsgeschichte der ständigen Nuntiaturen (Freiburg i.B. 1894).

PIEPER, A., Die päpstlichen Legaten und Nuntien in Deutschland, Frankreich und Spanien seit der Mitte des 16. Jahrhunderts, 1: Die Legaten und Nuntien Julius III., Marcellus II. und Pauls IV. (1550–1559) und ihre Instruktionen (Münster 1887).

REINHARD, W., Katholische Reform und Gegenreformation in der Kölner Nuntiatur 1584–1621. Aufgaben und erste Ergebnisse eines Editionsunternehmens der Görres-Gesellschaft (Nuntiaturberichte aus Deutschland. Die Kölner Nuntiatur I–V). In: Römische Quartalschrift 66 (1971), S. 8–65.

REPGEN, K., Die römische Kurie und der Westfälische Frieden. Idee und Wirklichkeit des Papsttums im 16. und 17. Jahrhundert, 1: Papst, Kaiser und Reich 1521–1644, Teil 1: Darstellung (Tübingen 1962); Teil 2: Analekten und Register (Tübingen 1965).

RHODES, A., The Vatican in the Age of the Dictators 1922–1945 (London/Sidney/Auckland/Toronto 1973).

SCOPPOLA, P., La Chiesa e il fascismo. Documenti e interpretazioni (Bari 1971).

SCHAMBECK, H. (Hg.), Pro Fide et Iustitia. Festschrift für Agostino Kardinal Casaroli zum 70. Geburtstag (Berlin 1984).

SCHIEFFER, Th., Die päpstlichen Legaten in Frankreich vom Vertrage von Meersen (870) bis zum Schisma von 1130 (Berlin 1935).

SCHLIE, U., Kein Friede mit Deutschland. Die geheimen Gespräche im Zweiten Weltkrieg 1939–1941 (München/Berlin 1994).

SCHMIDLIN, J., Papstgeschichte der neuesten Zeit, 4 Bde. (München 1933–1939).

SCHNEIDER, B., Die Jesuiten als Gehilfen der päpstlichen Nuntien und Legaten in Deutschland zur Zeit der Gegenreformation. In: Saggi storici intorno al papato (Roma 1959), S. 269–301.

SCHÖPPE, L. (Hg.), Konkordate seit 1800. Originaltext und deutsche Übersetzung der geltenden Konkordate (Berlin 1964).

STEGLICH, W. (Hg.), Der Friedensappell Papst Benedikts XV. vom 1. August 1917 und die Mittelmächte. Diplomatische Aktenstücke [...] aus den Jahren 1915–1922 (Wiesbaden 1922).

STEHLE, H., Geheimdiplomatie im Vatikan. Die Päpste und die Kommunisten (Zürich 1993).

STEHLE, H., Die Ostpolitik des Vatikans 1917–1975 (München 1975).

STUTZ, U., Die päpstliche Diplomatie unter Leo XIII. Nach den Denkwürdigkeiten des Kardinals Domenico Ferrata. In: Abhandlungen der preußischen Akademie der Wissenschaft 1925. Phil.-Historische Klasse Nr. 3/4 (Berlin 1926).

TILLMANN, H., Die päpstlichen Legaten in England bis zur Beendigung der Legation Gualas (1218) (Bonn 1926).

TSING-SING, L.W., Le Saint-Siège et la Chine de Pie XI à nos Jours, Paris 1968.

WALF, K., Die Entwicklung des päpstlichen Gesandtschaftswesens in dem Zeitabschnitt zwischen Dekretalenrecht und Wiener Kongreß (1159–1815) (München 1966).

WEBER, Chr., Kardinäle und Prälaten in den letzten Jahrzehnten des Kirchenstaates, 3 Bde. (Stuttgart 1978).

WEBER, Chr., Quellen und Studien zur Kurie und vatikanischen Politik unter Leo XIII. (Tübingen 1973).

WEBER, Chr., Die ältesten päpstlichen Staatshandbücher. Elenchus Congregationum, Tribunalium et Collegiorum Urbis 1629–1714 (Rom/Freiburg i. B./Wien 1991).

WEBER, Chr., Legati e Governatori dello Stato Pontificio (1550–1809) (Roma 1994).

WILLE, A., Bischof Julian von Kios, der Nunzius Leos des Großen in Konstantinopel (Kempten 1910).

WINTER, E., Rußland und die slawischen Völker in der Diplomatie des Vatikans 1878–1903 (Berlin 1950).

WOJTYSKA, H. D., De fontibus eorumque investigatione et editionibus instructio ad editionem Nuntiorum series chronologica (Freiburg in der Schweiz/Roma 1990).

WOLF, H., Papst und Teufel. Die Archive des Vatikan und das Dritte Reich (München 2008).

ZIMMERMANN, H., Die päpstliche Legation in der ersten Hälfte des 13. Jahrhunderts. Vom Regierungsantritt Innocenz' III. bis zum Tode Gregors IX. (1198–1241) (Paderborn 1913).

Personenindex